改革创新与转型升级研究丛书

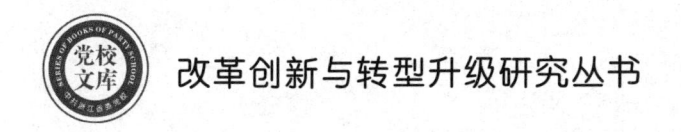

我国电力体制转轨时期的上网电价形成机制与监管政策

刘磊 著

WOGUODIANLI TIZHIZHUANGUISHIQI DE
SHANGWANGDIANJIA XINGCHENGJIZHI
YU JIANGUANZHENGCE

企业管理出版社
ENTERPRISE MANAGEMENT PUBLISHING HOUSE

图书在版编目（CIP）数据

我国电力体制转轨时期的上网电价形成机制与监管政策／刘磊著．—北京：企业管理出版社，2018.5

ISBN 978－7－5164－1722－5

Ⅰ．①我… Ⅱ．①刘… Ⅲ．①电价—用电管理—研究—中国 Ⅳ．①F426.61

中国版本图书馆CIP数据核字（2018）第101269号

书　　名：	我国电力体制转轨时期的上网电价形成机制与监管政策
作　　者：	刘　磊
责任编辑：	刘一玲　崔立凯
书　　号：	ISBN 978－7－5164－1722－5
出版发行：	企业管理出版社
地　　址：	北京市海淀区紫竹院南路17号　　邮　编：100048
网　　址：	http：//www.emph.cn
电　　话：	编辑部 68701322　发行部 68414644
电子信箱：	80147@sina.com　zbs@emph.cn
印　　刷：	北京市青云兴业印刷有限公司
经　　销：	新华书店
规　　格：	710毫米×1000毫米　16开本　12印张　210千字
版　　次：	2018年5月第1版　2018年5月第1次印刷
定　　价：	35.00元

版权所有　翻印必究·印装有误　负责调换

前　言

电力是一种特殊商品，无法大量储存，所有公共电力系统内的电力生产与消费必须同时完成，瞬间的不平衡都会导致供电质量的下降，甚至会造成系统瓦解，因此，电力的发、输、配、用各个环节必须高度协调，才能确保电力系统的可靠与安全。电力生产的系统性决定了电力市场化改革的"配套"要求极高。自20世纪70年代以来，在全球掀起了一股电力市场化的浪潮，全世界一半以上的国家都经历了电力市场化的改革，改革的目标是提高效率、降低成本和改善质量。电力市场化，就是让市场在电力资源配置中发挥决定性作用，准确地发现电力的社会价值，引导市场主体有效生产、有效消费和有效投资，其本质上就是实现政府定价向市场定价转变，核心即是电价形成机制改革。在这一过程中，发电侧上网电价改革是基础，没有批发电力市场的建立，就难以进行输配电价和售电侧的改革。

先期改革的国家，均采取"整体设计、同步实施"的方式，即一旦实现厂、网分开，竞争性交易即可开始。我国却采取了一种"分步推进"的电力体制改革方式，于20世纪90年代开始推进电力市场化进程，逐步改革高度集中的传统计划电力体制。2002年，我国发布《电力体制改革方案》（简称"5号文"），启动了电力市场化改革，实现了"厂网分开"，取得了一定的改革成果。然而此后的十多年间，我国的电力体制改革一直处于停滞状态，竞争性电力市场始终未能建立，且形成了古今中外绝无仅有的电力产业组织形式：有竞争性市场结构而无竞争性市场。电网公司成了所有发电公司唯一的买主和所有终端用户唯一的卖主，拥有绝对的市场支配地位。在此局面下，电价不可能由企业自主决定。直到2015年的《关于进一步深化电力体制改革的若干意见（中发〔2015〕9号）》（简称"9号文"）出台，新一轮电力体制改革才得以重新启动，并确定了"管住中间、放开两头"的体制架构。然而由于国内理论界对电力改革问题缺乏深入研究，虽然在全国许多地方推行了试点和探索，但是没有提及电力调度的改革，采用何种竞争性电力市场模式也没有形成统一意见，关键性体制改革内容未得到有效体现。所以，竞争性电力市场的建立依然任重而道远，可以预见在未来较长时期内，电力体制转轨时期仍将继续，上网电价仍需要政府管制。

既然政府要对上网电价进行管制，就必须遵循经济学及现代监管的一般法则。经过十余年的探索，我国政府有关机构逐步建立了一些相对适用的规则，如"经营期定价法""煤电标杆价"管理等。但仍有诸多问题需要解决，如上网电价结构过于单一、价格调整机制不健全、外部成本内部化不充分、管制机构间职能分割等，既不利于电力产业的健康发展，也不利于向竞争性电力市场的改革目标过渡。国外并未有过针对上网电价的管制实践，现有的价格管制理论主要基于自然垄断性公用事业的产品定价实践。国内关于上网电价的研究并不充分，且大多针对具体问题，缺少系统性的解决方案。本书针对我国特有的电力监管难题，以现代经济学价格理论、产业组织理论、经济性管制理论为基础，以"厂、网分开"后电力产品的细分为切入点，试图建立一套适用于我国电力体制转轨时期上网电价管制的理论和方法。

本书分析了现阶段我国上网电价仍需政府管制的原因；研究了发电侧不同类型发电机组的性能特点、产品特性和运行方式，以及影响发电机组上网电价的成本与需求因素；提出了生产技术差异化行业长期边际成本的衡量方法，即"标杆成本法"，并分析了形成行业标杆成本所具备的条件；在对电力产品进行细分并以煤电标杆价作为标杆成本的基础上，构建了一套具有针对性、系统性和可操作性的上网电价体系设计。所谓"针对性"，是指专为我国电力体制转轨阶段政府行使电价管制职能所量身定制；所谓"系统性"，是指以煤电标杆为基础在各类发电产品间建立联系，使各类发电都有适合自己的价值表现；而"可操作性"，则主要体现在所提的政策建议基于"成本—收益"分析的基础上，能与现行基本制度或规则相兼容，从而最大限度地降低执行成本。因此，该上网电价体系的设计从三个方面优化了我国电力体制转轨时期上网电价管制实践：一是以煤电标杆价为基础保障了电价水平接近发电侧长期边际成本；二是各类型发电机组的上网电价结构设计体现了产品细分和分类定价思想；三是最大限度地利用现有改革成果，能与现行管制规则相兼容，降低过渡成本，从而为下一步向竞争性电力市场过渡创造了有利条件。

本书共有七章。第一章导论，主要阐述本书的研究背景及意义，界定研究对象，论述相关理论研究现状，以及研究难点、研究方法、可能的创新之处。第二章电力商品与电力行业的特点，沿着"电力商品属性—发电行业特点—发电侧技术经济特征—不同类型发电机组特点"的路线，逐步阐述发电行业的特性。第三章上网电价管制的基础理论，分别从价格理论、产业组织理论和管制经济学理论进行阐述。第四章上网电价的影响因素与形成机理，并提出"标杆成本"的概念，把其作为发现发电侧长期边际成本的有效方法。第五章我国电力体制转轨时期的上网电价管制实践，回顾了我国上网电价管制的历程与现状，并重点分析了现阶段上网电价管制存在的问题。第六章我国电力体制转轨时期的上网电价体系。第七章结论与展望，对本书研究的主要内容和主要结论进行简要总结，并分析了本书研究成果与下一步建设竞争性电力市场的对接问题，还探讨了我国下一步电力体制改革所要面对的主要问题和难点。

目 录

第一章 导 论 / 1
  一、选题背景及意义 …………………………………… (1)
  二、研究对象的界定 …………………………………… (3)
  三、上网电价定价理论的研究现状 …………………… (5)
  四、研究难点 …………………………………………… (18)
  五、研究方法 …………………………………………… (19)
  六、创新之处 …………………………………………… (21)
  七、研究思路与研究框架 ……………………………… (22)

第二章 电力商品与电力行业的特点 / 25
  一、电力商品属性 ……………………………………… (25)
  二、电力行业属性 ……………………………………… (29)
  三、发电侧属性 ………………………………………… (41)

第三章 上网电价管制的基础理论 / 56
  一、价格理论 …………………………………………… (56)
  二、产业组织理论 ……………………………………… (62)
  三、价格管制理论 ……………………………………… (75)

第四章 上网电价的影响因素与形成机理 / 83
  一、影响上网电价的需求因素 ………………………… (83)
  二、影响上网电价的成本因素 ………………………… (86)
  三、行业长期边际成本的衡量——"标杆成本" …… (96)

第五章 我国电力体制转轨时期的上网电价管制实践 / 102
  一、我国电力体制改革及上网电价管制的简要回顾 … (102)
  二、我国上网电价管制的现状 ………………………… (109)

三、当前上网电价管制存在的问题 ……………………… (115)

第六章　我国电力体制转轨时期的上网电价体系 / 124
一、指导原则与基本思路 ………………………………… (124)
二、我国电力体制转轨时期的上网电价体系设计 ……… (128)
三、上网电价联动机制优化 ……………………………… (142)
四、关于辅助服务成本分摊与政策预期效果 …………… (144)

第七章　结论与展望 / 147
一、本书的主要结论 ……………………………………… (147)
二、与竞争性电力市场的对接以及需要
　　进一步研究的问题 …………………………………… (150)
三、我国未来电力体制改革展望 ………………………… (154)

参考文献 / 165

后　记 / 179

第一章 导 论

一、选题背景及意义

电力是现代社会运行的基础，大面积断电不仅会引发直接的经济损失，还会因此导致公共系统瘫痪而使整个社会陷入混乱。但电力又是一种特殊商品，无法大量储存，所有公共电力系统内的电力生产与消费必须同时完成，瞬间的不平衡都会导致供电质量的下降，甚至会造成系统瓦解，因而电力的发、输、配、用各个环节必须高度协调，才能确保电力系统的可靠与安全。目前，电力产业的组织形式主要有两种：一种是垂直一体化垄断经营，包括发、输、配、售一体化和发、输一体化；另一种是发、配、售与输相分离，在发和售两个环节形成竞争性市场结构，并相应建立"单边电力库"和"双边交易"两种模式的电力市场。在20世纪70年代以前，人们普遍认为电力行业具有自然垄断性，"纵向一体化"垄断经营是最优的产业组织形式。因此，无论是实施计划经济体制的国家，还是实施市场经济体制的国家，电力行业实行的都是"纵向一体化"的运营体制。但20世纪70年代后，随着信息技术的飞速发展，人们对传统的自然垄断产业的认识开始发生了变化，相关经济理论的进步及欧美国家对电信、天然气等网络型产业市场化改革的成功，由英国和部分北欧国家率先发起的电力市场化改革开始风靡全球。

电力生产的系统性决定了电力市场化改革的"配套"要求极高。先期改革的国家，均采用"整体设计、同步实施"的方式，即一旦实现厂、网分开，竞争性交易即可开始。在2002年我国启动了电力市场化改革。国务院2002年发布的《电力体制改革方案》，明确了建立竞争性电力市场的目标，并在当年实行了"厂、网分开"改革，"央企"

成立了5大发电集团，地方国有的绝大多数发电企业也从原"纵向一体化"电力公司中独立出来。然而此后的十多年间，我国的电力体制改革一直处于停滞状态，竞争性电力市场至今仍未建立，形成了目前这种古今中外绝无仅有的电力产业组织形式：有竞争性市场结构而无竞争性市场。由于没有竞争性市场，发电企业所发电力只能卖给电网公司，终端用户也只能继续向电网公司购电，从而电网公司成了所有发电公司唯一的买主和所有终端用户唯一的卖主，拥有绝对的市场支配地位。在此局面下，电价不可能由企业自主决定。不仅终端用户电价要继续由政府管制，发电企业的上网电价也需要政府管制。

2015年的《关于进一步深化电力体制改革的若干意见》（9号文）出台，新一轮电力体制改革得以重新启动，该方案确定了"管住中间、放开两头"的体制架构，进一步指明了建立竞争性电力市场的目标。然而由于国内理论界对电力改革问题缺乏深入研究，虽然有许多地方在进行试点和探索，但是关键性体制改革内容未得到有效体现。可见，上网电价的管制是我国特有的问题。而且在未来较长时期内，这一局面仍将持续。究其原因：一是相关方面对竞争性电力市场的理解尚未统一，就连我国电力市场的基本形式及电力市场布局这一核心问题，至今仍在争论之中；二是政治决断力缺乏，尚无能够协调复杂利益集团之间的关系和承担改革责任的领导机构；三是电力改革的风险估值较高，近年来我国电力生产能力迅猛增长，而经济、政治、文化等方面的体制改革千头万绪，如无大的负面事件发生，电力改革难以排上议事议程。

既然政府要对上网电价进行管制，就必须遵循经济学及现代监管的一般法则。监管难点在于，终端用户所用电力是经过系统集成的产品，产于竞争性市场结构的上网电力，不仅由多个发电企业生产，而且各个企业间由于机组性能不同而为系统提供的产品也不同，上网电价如何既能让各发电投资者获得合理的回报，又能让电源结构合理并优化系统的运行，没有现成的经验可循。我国经过十年左右的探索与实践，对上网电价管制逐渐形成了一些相对适用的规则，如"经营期定价法""煤电标杆价"管理等。但仍有诸多问题需要解决，如上网电价结构过于单一、价格调整机制不健全、外部成本内部化不充分、管制机构间职能分割等，既不利于电力产业的健康发展，也不利于向竞争性电力市场的改革目标过渡。现有的文献研究也缺乏针对性和系统性。因此，对我国电力体制转轨时期上网电价体系做出相对科学的设计，可使我国政府行使电价管制公共职能更趋理性，有利于降低管制成本、节约公共资源，也可减少价格扭曲，促进资源有效配置，并为向竞争性电力市场平稳过渡创造条件。

二、研究对象的界定

本书的研究对象是我国电力体制转轨时期的上网电价形成机制。

"上网电价"是指发电企业把生产出的电力产品卖给电网企业的价格，也称为"发电价格"。在过去传统一体化的组织形式下，发和输通常由一个企业完成，发电环节只是电力企业的一个部门车间，所有环节的协调均在企业内部解决，并不存在上网电价的定价问题。如今实现厂网分开之后，原来的发电部门都变成了独立的发电企业，这样电网公司就必须通过市场交易的方式向发电企业购买电力产品，上网电价即发电企业与电网公司间的结算价格。上网电价之所以是发电侧市场交易的核心，是因为电价作为价格信号，引导着所有发电企业的决策与行为，发电企业是否生产、生产多少、如何将资源在电能量、辅助服务等不同产品之间进行分配，都受到电价水平和电价结构的影响。因此，在我国发电侧尚无竞争性市场、上网电价仍需政府制定的情况下，上网电价的合理设计是一个极为重要的问题。

"电力体制转轨时期"限定了本研究成果的背景条件。所谓"转轨"，在经济学领域是指经济形态和运行方式的转变，"电力体制转轨"则是指电力产业组织形式以及交易方式的转变。从世界各国电力体制改革实践来看，电力体制转轨即是从一体化垄断经营的电力组织形式向竞争性电力市场的转变。我国现在进行的电力体制改革也是以市场化为取向，而市场化的核心就是电价形成机制的转换，即从政府管制转向市场竞争。从这个意义上讲，电价改革是电力体制改革的核心。我国以市场化为导向的电力体制转轨始于2002年，《电力体制改革方案》明确了建立竞争性电力市场的改革目标，并实施了"厂网分开"，打破过去完全纵向一体化的垄断经营格局，在发电侧引入竞争。然而在厂网分开之后，我国尚未实现进一步的配套改革，使得我国形成了有竞争性结构却无竞争性市场的"电网公司专营"格局（也有人称之为"单一买方"[①]结构）。2015年发布的《关于进一步深化电力体制改革的若干意见》是电力市场化改革的又一重要节点，此轮改革的重点是输配电价和购售电主体多元化培育，但是具体实施路径并没有明确，交易规则设计也没有提及。因此，新一轮改革启动三年以来，改革进程缓慢，单一买方格局并没有发生根本改变。由于垄断的存在而无法实现市场竞争，并且在可预期的时间范围内，仍然无法建成竞争性电力市场，进而无法实现电价由政府定价向市场定价的转变，[②] 因此，本书所指的"我国电力体制转轨时期"就是指从厂网分开到竞争性电力市场建成这一特定历史阶段性。待竞争性电力市场建成之后，上网电价由市场决定，不再需要政府定价。

所谓"价格形成机制"[③]，是指影响价格及其变动的各个要素及其

---

① 我国目前的"单一买方"电力市场结构与西方竞争性电力市场中的"单一买方模式"存在本质区别，后者实质就是强制性电力库模式，即众多买方和卖方在同一家机构进行交易，也叫"单边市场"，与"双边市场"相对应。有些文献在我国"单一买方"市场结构下研究竞价上网，并称之为"单一买方模式"，是一种误解和错误。详细论述详见第三章第二节。

② 严格来说，目前的上网电价以政府定价为主，但并非完全由政府定价，在个别领域如水电站电力的跨省跨区域交易价格已经实现了由供需双方自行协商决定，上网电价由受电地区落地价扣减输电价格确定，其中输电价格由政府核定，受电地区落地价由送、受电双方协商决定。

③ 据国家发改委经济研究所刘树杰考察，经济学经典著作中并无"价格形成机制"的概念，不仅西方经济学没有，马克思也没用过。改革开放前的我国"社会主义价格学"中，已有"价格形成"的概念，意指"价格是如何定出来的"。改革开放后，西方经济学广为传播，"价格机制"最早被接受和使用，"价格形成"随之与"机制"连接，产生了所谓的"价格形成机制"。

相互关系，简单说，就是产品的价格是如何形成的，或者说价格是如何决定的。本书所研究的转轨时期上网电价形成机制，实质上是在模拟发电侧竞争性市场价格形成机制的基础上，研究系统有效的政府价格管制规则，这些规则与方法要近似的、方向性的体现未来竞争性电力市场原则。也即是说，既要符合未来竞争性电力市场上网电价的形成规律，又要在现有管制资源和能力条件下相对可操作，在二者之间实现平衡，进而为未来从转轨期向竞争性电力市场过渡创造条件。

三、上网电价定价理论的研究现状

（一）国外上网电价定价理论研究

国外的价格管制理论研究主要集中于公用事业管制，但并没有专门针对上网电价管制的理论与实践。在电力市场化改革之前，世界各国的电力工业均是纵向一体化垄断经营，并受到政府的管制，价格是管制的核心内容，但此时的价格管制是针对终端电价，并无上网电价定价一说。由于国外电力体制改革都经过严谨的前期论证和整体设计，并且经过立法来保障电力体制改革的顺利进行，所以纵向拆分通常比较彻底，厂网分开与输配分离同步进行，在电力市场化改革之后，上网电价便由市场交易决定，关于上网电价的研究主要集中在交易规则的设计，以竞价理论模型为主。此处只对国外公用事业价格管制的方法进行梳理与阐述，竞价理论则不再赘述。

1. 基于价格水平的管制

价格水平的管制也称为总收入管制，具体方法主要有收益率管制、收益共享、上限制和标尺竞争等，其中后三种属于激励性管制。

（1）收益率管制。收益率管制也称为"成本加成"或"公正报酬率管制"，是对企业利润率的控制，为的是防止企业获得超额利润，该方法是自然垄断产业的传统管制方法。该方法的定价模型有多种具体形式，较有代表性的定价模型有两种：

$$PQ = TC = VC + ROR \cdot RB \tag{1-1}$$

$$R_t(P,Q) = C_{t-1} + ROR \cdot RB; P_t = R_t/Q_{t-1} \qquad (1-2)$$

其中，P、Q 分别为产品价格和数量，t 代表时期，TC 为总成本，VC 为变动成本，ROR 为许可收益率，RB 为费率基础。两种定价公式的含义都表明企业的收益能够弥补总成本（包括正常利润的经济成本）。式（1-1）是对企业变动成本和固定成本的处理和估计，变动成本（VC）包括经营费用、税收和折旧，固定成本通过被称为费率基础（RB）的资本存量估算出来，是减去折旧后的企业投资总额。式（1-2）则是对企业整体成本的处理，费率基础（RB）的估计包含固定成本和变动成本。

收益率管制的关键就在于费率基础（RB）和许可收益率（ROR）的确定。RB 就是可以获得利润的合理成本，管制的难点在于如何确定合理成本的范围，即究竟何种资产应该包含在 RB 之中，主要有三种确定标准：原始成本法、重置成本法、公平价值法（原始成本和重置成本的加权平均）。由于信息不对称，管制机构可能难以获得企业成本的准确信息，因此需要建立一套适合管制需要的财务规则和成本核算体系，还需要一批有专业技术的专家，对企业的投资项目及工程造价进行审核，以确定企业的投资是否合理。[①] 许可利润率则参考资本市场上资本投资能够获得的正常利润率（即筹资成本），鉴于公用事业投资风险较低，一般以当时无风险投资回报水平（如国债利率）为基础，综合考虑投资的机会成本等风险因素后确定。收益率管制是各国较为普遍使用的价格管制方法，该方法的明显优点在于企业可以收回成本并获得正常利润，有利于在长期形成稳定投资，尤其在电力工业高速发展阶段，保障正常利润的获得可以提高企业投资的积极性，解决投资不足的问题。但不足之处在于，该方法容易引发阿弗奇－约翰逊效应（A－J 效应），[②] 即由于许可的利润直接随着基础费用（资本）的变化而变化，

[①] 关于确定费率基础的进一步研究可参考 Gellhorn, Pierce (1982); Kahn (1971).

[②] Harvey Averch and Leland L. Johnson, "Behavior of the Firm Under Regulatory Constraint," American Economic Review 52 (December 1962): 1052 - 1069.

企业倾向于使用过多的资本代替其他投入要素，投资过度使得产品是在缺乏效率的高成本下生产出来的，所以不利于刺激企业技术创新降低成本。[①] 因此，该方法的应用对管制机构的要求较高，需要对企业的费率基础进行准确审核。

（2）收益共享。收益共享又称为"浮动收益率管制"，是对收益率管制的改进，因为收益率管制下企业没有分享到任何成本节约的收益，从而没有降低成本的激励。收益共享机制则允许企业保留一部分通过成本节约创造的收益，也即是说成本节约的收益在企业和消费者之间进行了分配。收益共享的定价模型与收益率管制在形式上相同，只是对收益率 ROR 做了改进，如果令 r 代表企业的总收益率，那么企业的净收益率可以描述为：

$$\begin{cases} r, & r \leq \underline{r} \\ \underline{r} + \theta(r-\underline{r}), & \underline{r} \leq r \leq \overline{r} \\ \underline{r} + \theta(\overline{r} - \underline{r}), & \overline{r} \leq r \end{cases} \quad (1-3)$$

式中 $\underline{r} < r < \overline{r}$，且 $0 \leq \theta \leq 1$，当企业总收益率在 $\underline{r}$ 和 $\overline{r}$ 之间时，企业可以保留超额利润的一小部分，同时企业的收益率又被限定在 $\underline{r} + \theta(\overline{r} - \underline{r})$，因为一旦总收益率达到 $\overline{r}$，企业就必须返还所有超额利润。收益共享管制的关键在于共享比例 θ 的确定，θ 越高，企业降低成本、提高收益的动机就会越大，这就需要管制者在企业利益和消费者利益之间，实际上也是效率与公平之间进行权衡，在西方国家通常要通过谈判程序来论证确定。[②] 如果式（1-3）中的 θ 为零且 $\underline{r}$ 是准许收益率，那么就变成了传

[①] 关于 A-J 效应的进一步研究可参考 Kwerel（1974），Spann（1974），Peterson（1975），Boyes（1976），Smithson（1978），Giordano（1982），Spulber&Becker（1983），Myers（1972），Pettway（1978），Greenwald（1984），Nickell（1978）.

[②] 关于收益共享的案例分析可参考 Richard Myers and Laura Lei Strain, "Electric and Gas Utility Performance Based Ratemaking Mechanisms"（Energy Division, California Public Commission, September 2000）.

统的收益率管制，如果 θ 为 1 且 r = ∞，意味着企业未受任何管制。

（3）上限制。上限制即对企业总收入或产品最高价格的限制，前者是收入上限，后者为价格上限。上限制既是对企业总收入水平的限制，也含有激励性因素。因为最高限价防止了企业获得过高的超额利润，同时企业可以通过提高效率降低成本而获得额外收益。上限制的基本模型为：

$$P_t = P_{t-1}(1 + I_{t-1} - X) + Y \quad (1-4)$$

$$TR_t = TR_{t-1}(1 + I_{t-1} - X) + Z \quad (1-5)$$

式（1-4）为价格上限，其中，P_t 和 P_{t-1} 为管制者允许的企业 t 期和 t-1 期的价格上限水平，I_{t-1} 是 t-1 期的价格变化指数，反映通货膨胀情况，通常用零售价格指数（RPI）或消费价格指数（CPI）代替，X 为管制者要求的企业效率提高标准（即效率因子），Y 为调整因子，反映某些不被企业控制的成本要素的转嫁价格。式（1-5）为收入上限，其中 TR_t 和 TR_{t-1} 分别为 t 期和 t-1 期的收入上限水平，Z 为相应的调整因子，其余变量与式（1-4）相同。上限制的重点在于 X 因素的设定，管制的目标在于把 X 设定于企业在竞争条件下生产率的增长率水平上。如果 X 定得过低，价格相对于成本就会太高，从而产生无谓损失；如果 X 定得过高，企业又可能弥补不了成本而导致财务困境。

上限制通常要确定一个调整周期（通常为 4~5 年），在一个周期内，只要价格没有突破所规定的上限，成本降低的收益归企业所有，以激励被监管企业增效降本，进而降低下一个监管周期的起始成本，实现价格的有效控制。尽管"上限制"在监管周期内并不直接限制企业的成本支出，但由于在本监管期形成的成本是确定下一个周期价格上限的基础，因此"上限制"监管下形成的价格仍是以成本为依据的。

（4）标尺竞争。当存在多家独立性被监管企业时，监管者以其他企业的表现作为衡量每一个企业表现的标准或标尺，从而促使每一个企业同"影子企业"展开竞争，如果是区域自然垄断企业，则以其他区域的垄断企业作为比较的标准。因此，根据一组可比较的区域垄断企业中其他企业的平均成本决定某一企业的成本，即某企业的利润不再取决于其自身成本，而是与其他企业相比的相对水平，如果某企业下降的成本高于行业内其他企业平均水平，则该企业将获得更多利润。在这种激励作用下，各企业就会竞相降低成本，从而整个行业的平均成本就会趋于下降。标尺竞争的好处在于能够避免监管者与被监管企业之间的信息不对称，但是难点在于标尺企业或者行业平均成本的确定，在实际运用中可能各个企业并非同质，面临的市场环境也各不相同，这就要求监管者在掌握各企业异质信息的情况下对标尺水平进行调整，从而增加了监管难度。正如 Paul Joskow 和 Richard Schmalensee 认为，"公用事业之间的差异有很多维度，不单单是因为市场条件，还因为企业的历史投资，这样我们就不太可能寻找到数量很大的真正类似的企业"[1]。标尺竞争较大限度模拟了竞争结果，在西方国家的政府监管领域得到了较为广泛的应用，也取得了较好的效果。

2. 基于价格结构的管制

价格结构的设计是为了合理处理企业的固定成本和变动成本，以及共同成本的分摊问题，也是为了对不同类型的用户进行区别定价，以体现受益者负担的公平性，减少交叉补贴。常见的基于电价结构的监管方法有全成本转移定价、拉姆齐定价、高峰定价和两部制定价等。

（1）全成本转移定价（FDC）。全成本转移定价或者"完全分配的成本定价"解决的是多产品生产企业的产品定价问题，基本原则是基于成本基础定价，关键在于共同成本的分摊。多产品生产企业的成本函数可以表示为：$C(Q) = F + V(Q)$，其中 F 为总固定成本，$V(Q)$ 为总变动成本，多产品定价意味着管制者面临着既要分配固定成本，又要分配变动成本。基于理论分析，全成本转移定价满足关系式：

---

[1] Paul L. Joskow and Richard Schmalensee, Incentive Regulation for Electric Utilities [J]. Yale Journal on Regulation 4 (1986): 1-49.

$$P_j Q_j = f_j F + \gamma_j Q_j \qquad (1-6)$$

其中 f_j 代表产品 j 占固定成本 F 的份额,$0 \leq f_j \leq 1$,$\sum_{j=1}^{m} f_j = 1$,γ_j 表示已完全分配后的产品 j 的变动成本。全成本转移定价显然满足总成本等于总收益的要求,但是由于 f_j 的分配比例有很多种,这就意味着该定价并不都是实现了经济学上的效益价格,一般来说这种价格会导致无谓损失。Kahn(1971)[①]研究认为,公用事业的公共成本通常是根据对公用事业的一些公共实物(有形)的计量单位来分配,也即是根据物理特性来分配,每种特定方法都可能表现出相当的合理性,但是基本点必定是任意的,这种成本分摊导致价格与边际成本缺乏必要的联系。[②]

(2)拉姆齐定价。对于具有自然垄断性质的公用事业的多产品定价,为了弥补总成本,必然至少有一种产品的价格要定得高于边际成本。为此,拉姆齐(1927)[③]提供了一种能够满足零利润条件下总福利损失最小的定价方案,也即是说,拉姆齐定价是既满足总收益等于总成本的约束,也满足净福利损失最小的线性价格。在多产品定价中,哪种产品的价格定得高于边际成本呢?如果都要超过边际成本,哪种产品超过得多哪种产品超过得少呢?拉姆齐认为取决于产品的需求弹性,某产品价格偏离边际成本的距离与其需求弹性成反比。拉姆齐定价的表达式为:

$$\frac{P_i - MC_i}{P_i} = \frac{\lambda}{\eta_i} \qquad (1-7)$$

其中,P_i 是产品 i 的价格,MC_i 是 i 的边际成本,η_i 是产品 i 的需求

[①] Alfred E. Kahn, The Economics of Regulation: Principles and Institutions [M]. Vol. 1 New York: John Wiley&Sons, 1971: 151.

[②] 这一经验性研究在我国热电联产机组的成本分摊尤其燃料成本的分摊中亦有体现,主要基于原材料的物理特性进行分摊,并未体现任何经济特性,详细分析见第六章。

[③] Frank Ramsey, A Contribution to the Theory of Taxation [J]. Economic Journal 37 March 1927, 37: 47-61.

弹性绝对值，λ 是常数。很显然，如果 η_i 越小，P_i 就越大于 MC_i。由于偏离了边际成本，所以拉姆齐价格被认为是一种"次优的"优化价格。

（3）高峰定价。电力不可储存性要求电厂的生产能力由高峰期的电力需求决定，而电力系统由不同种类发电机组集合而成，不同时段的电力需求是由不同类型的机组生产的，基本负荷通常由高固定成本低变动成本的核电机组生产，高峰通常由高变动成本低固定成本的燃气机组生产，因此将高峰与非高峰时段的电力分别定价更有效率。由非高峰定价引起的无谓损失如图 1-1 所示。先水平后垂直的短期边际成本曲线 SMC 表明运行成本为 a 且产量达到 K 后受到生产能力的限制不再提高，非高峰需求曲线和高峰需求曲线分别在 SMC 的不同阶段相交，a+b 为高峰价格，也代表了长期边际成本 LMC，因为在长期生产能力由高峰需求决定，如果采取非高峰定价，执行不变的单一电价 p^*，此时就会产生两部分无谓损失三角。

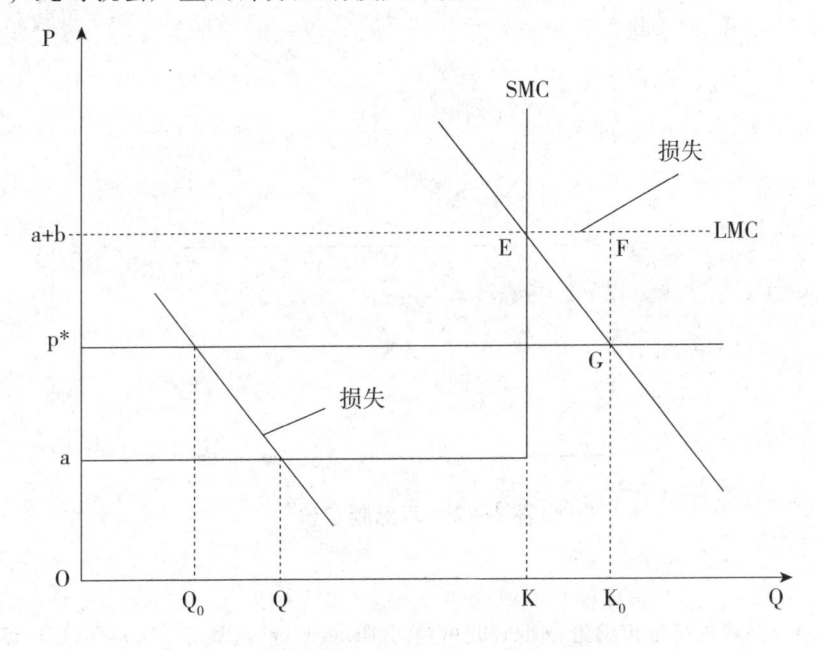

图 1-1 由非高峰定价引起的无谓损失

高峰定价的结果是固定费用完全由高峰用户承担，这具有合理性，因为扩大的容量投资是由高峰负荷决定的，[①] 否则就没有扩大生产能力的必要，所以峰谷电价体现了不同用电时段的成本差异在不同用户之间的公平分担。峰谷电价的另一优点是削峰填谷使得电网负荷趋于平稳，平稳的负荷既提高了电网运行的稳定与安全，也使得发电企业减少调峰幅度和次数进而降低发电成本，进而提高电力资源的利用效率。

（4）两部制定价。两部制定价是一种非线性定价，并非只限于公用事业的费率管制，在竞争性市场中也普遍存在。企业进行两部制定价主要是为了抽取消费者剩余，获得更多利润，从而向消费者收取获得购买权的一次性费用和每单位产品的使用费。[②] 如图1-2所示，如果企业每单位产品收取的价格为P，对于图中需求曲线类型的消费者，企业就可以收取相当于会员费的T，从而获得全部消费者剩余。在具体实践中，会员费T通常用于弥补固定成本，由于企业利用固定成本来获取消费者剩余，两部制定价也被认为是二级价格歧视。

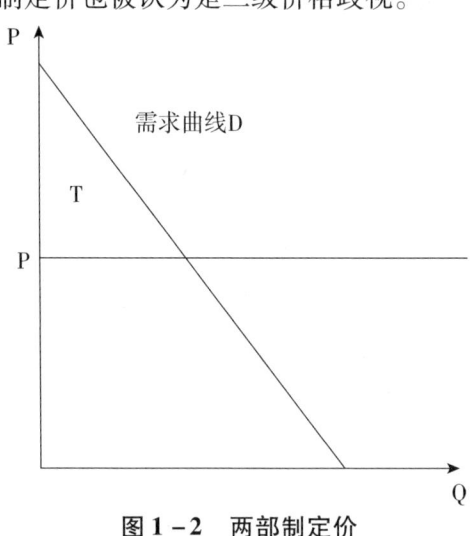

图1-2 两部制定价

[①] 高峰负荷定价的进一步研究可参考 Houthakker（1951），Davidson（1955），Steiner（1957），Hirschleifer（1958），Williamson（1966）和 Panzar（1976）。

[②] 可参考 Oi（1971），Schmalensee（1981）。

将两部制定价应用于公用事业价格管制，也是基于成本结构的考虑，自然垄断性质的公用事业如电力行业，为了实现边际成本最优定价，采取将固定成本和变动成本分开处理的办法，在支付了由固定成本构成的进入费之后，每单位产品就可以实现边际成本定价而不至亏损。但两部制价格管制也因把一部分低收入者排除在了管制市场之外而存在弊端。史普博（1989）做了改进实现了一种次优的优化，将固定成本在低收入者和高收入者之间分担，低收入者以支付高于每单位边际成本的价格来补偿固定成本，高收入者则以进入费支付固定成本。

发电企业的两部制电价是将电价分为容量价格和电量价格两部分，其中容量价格用来回收固定成本，其与发电量没有直接关系，只与机组可用率相关，电量价格则用来回收变动成本，该成本只在机组发电时才发生。两部制电价使得发电成本的回收更加合理化，容量费用为发电企业的固定成本回收提供了保障，保护了投资者的利益，有利于形成稳定投资。由于企业收益的绝大部分包含在容量费用中，从而能够激发发电企业提高机组可用性的积极性。此外，在企业保证机组可用率进而保证固定成本付费的情况下，电网可按最优经济的原则自由调度，实现发电资源的优化配置，使全网成本降低，效率提高。

（二）国内上网电价定价理论研究

我国电力体制转轨始于2002年。从2002年以来的研究文献来看，我国理论界关于上网电价的研究大体上是沿着两条线路展开：一条线是立足未来，基于竞争性电力市场，研究竞价上网，为我国的竞争性电力市场建设提供理论支持，这一条是主线，因为电力市场化改革是大势所趋，顺利改革需要理论先行；另一条是立足当前国情，承认目前我国离竞争性电力市场还较远，仍不具备竞价上网的条件，研究非竞争市场条件下上网电价的政府管制问题，为转轨时期上网电价制定规则提供理论指导，随着我国电力体制改革的过渡时期愈发拉长，此条线的研究显得愈发重要。

竞价上网属于竞争性电力库模式的定价机制，即所有发电商和购电商在同一个地方交易，独立的调度机构（ISO）根据发电商的报价，由低到高进行调度上网。相反，双边交易市场不存在竞价上网的问题，发电商和购电商自行谈判达成协议后，输配电公司按照协议执行输配电任务即可。"竞价上网"之所以是我国上网电价领域的研究主线，原因有二：其一，竞争性电力市场是必然趋势，且2002年的《电力体制改革方案》明确指出"厂网分开、竞价上网、打破垄断、引入竞争"，故研究"竞价上网"符合国家政策取向，其研究成果有较强的实践性和较长的时效性；其二，国外电力市场化改革先于我国，有较多的成功经验可以借鉴，对国外竞争性电力市场进行充分研究很有必要。对于我国当前的电力体制转轨时期，由于发电商的竞价策略需要以竞争性电力市场为基础，我国电力体制改革实行厂网分开以来已有十余年，输配售环节依然垄断一体化经营，并未形成竞争性市场，单一买方的市场结构还无法实现竞价上网，况且我国未来的电力市场究竟是采取强制性电力库模式还是双边市场模式，都还未定论，竞价上网也只能处在理论探讨阶段，对我国现阶段的电力体制过渡期而言，针对性和实践性不强。然而，竞价上网的研究成果对本书转轨期上网电价的研究仍有借鉴价值，因为政府定价作为市场定价的替代，依然要遵循市场规律，要尽可能地模拟市场竞争结果，竞价上网的理论研究可以为政府定价的合理性和科学性提供参考。

关于政府电价管制的研究认为，当前我国电力体制过渡期仍不具备竞价上网的条件，需要政府制定上网电价。但是由于"厂网分开"之后，发电侧已经形成了竞争性市场结构，新的市场结构需要新的定价规则，所以许多理论的研究为其提供了一些适用的方法，但仍有限。这些研究主要分为三个方面：一是上网电价形成机理的研究，主要探讨上网电价的构成要素和影响因素；二是某一定价方法在上网电价制定中的应用；三是发电侧电力投资管制的研究，探讨现存产权制度、投资审批制度的弊端，以及投资行为与上网电价之间的相互影响。

1. 上网电价形成机理研究

在上网电价形成机理的研究方面，大多数文献按照电源类型进行针对性的研究，这些文献主要研究各电源上网电价的影响因素，着重分析了各电源发电企业的成本构成和性质，并提出了相对应的制定上网电价的方案。

关于水电价格形成机理的研究，马光文、王黎文（2001），张强（2007）和张强、隋来东（2012）均从不同角度建立了水电上网电价的两部制定价模型；刘树杰（2011）和顾伟忠、刘兰（2004）从辅助服务的角度对水电价格形成机理提出了新思路，其中顾伟忠、刘兰（2004）还对两部制电价结构进行了改进，认为在水电价格制定过程中可以采取自身成本分割法与机会成本相加法相结合。

关于核电上网电价形成机理的研究，刘树杰、杨娟等（2006）系统分析了核电价格形成的需求因素和成本因素，比较了标准成本法和机会成本法的差异，认为不同技术路线的机组成本差异较大而不适合使用标准成本法，并应用机会成本法设计了较为可行的核电上网电价方案；张粒子、唐瑱等（2012）系统分析了核电机组的成本构成，建议分技术路线制定和执行核电机组标杆电价。

关于抽水蓄能电价形成机理的研究，王海政、谭浩瑜和仝允桓（2006）从可避免成本[①]的角度设计了一种可避免电源方案选择的电源优化模型，并在两部制电价的基础上设计了计算方法；刘树杰、杨娟（2009a）重点分析了抽水蓄能电站的产品性质和成本特性，认为抽水蓄能生产的是具有私人物品性质的高峰电量和具有公共物品性质的辅助服务，并探讨了抽水蓄能的成本分摊问题；刘树杰、杨娟（2009b）则在刘树杰、杨娟（2009a）的研究基础上提出了按产品分类定价思想的产品型两部制电价，由电量电价和辅助服务综合价格两部分构成，并提出了三种具体计算方法。

关于风电上网电价形成机理的研究，王正明、路正南（2008）从

[①] 可避免成本本质上就是基于机会成本，确定方法是将参与比选的电站按其经济指标从高到低进行排列，选择其中的最经济项目，直到满足用电需求为止。

外部性理论研究了我国风电招标定价制度存在的问题，认为风力发电价格管制问题的根源在于常规能源电价并未使外部成本内部化；宋艳霞（2010）分析了影响风电价格机制形成的十大因素，包括生产成本、预期投资回报率、技术水平、消费需求等因素；周莹、张娜、董振等（2012）提出了基于风险的风电上网电价调整方案，以及激励电网风电消纳的风电上网补贴方案。

关于天然气发电上网电价形成机理的研究，范斌（2005）系统分析了燃气机组的特点和成本因素，探讨了制定天然气上网电价的基本原则与方法，认为联合循环机组和单循环机组可分别采用单一制和两部制电价模式；刘兰菊（2012）主张实施发电侧峰谷分时上网电价机制，鼓励天然气发电机组提高高峰时段上网电量，以提高竞争力。

也有一些文献未针对某一电源发电企业，而是系统地讨论上网电价的形成规律。其中，刘树杰（1994）研究了电力生产与消费的特点及其相互关系，分析了发电行业的特点和上网电价形成规律；刘树杰（1995）在电价形成机理和运动规律的基础上，提出了我国电价改革的整体思路，主张有限竞争是上网电价形成机制改革的方向，将统一作价办法作为上网电价改革的过渡性安排，并提出了具体的核定标准；罗斌、柴高峰和桂衡（2004）针对我国上网电价改革的三大难点：如何顺利改变个别成本定价方式、如何处理现有合同电量的历史遗留问题、如何逐步扩大竞争电量，提出了一些实施原则和对策；任玉珑、魏世红（2005）对发电侧有限竞争阶段上网电价规制设计进行了研究，并分别对非竞争环境下和竞争环境下的上网电价规制进行了探讨，前者采用回报率管制和价格上限制，后者采用最高限价法；熊祥鸿、周浩（2008）研究了发电成本对上网电价的影响，其中重点分析了系统剩余容量百分比与平均上网电价的关系。

2. 上网电价定价方法研究

许多学者重点研究了各种定价方法在上网电价制定中的应用。其中，谭忠富、胡威和练笔占（2000）介绍了当前我国各种电力计价方式，分析了上网电价管制的现状，给出了适合于我国电厂上网电价的几种计算方法，并在此基础上对我国上网电价的改革思路进行了探讨；陈广娟、谭忠富和郭联哲等（2007）分析了不同的上网电价定价方式对发电企业利润的影响；赵会茹、曹景山（1999），曹学敏（2001）和马光文、王黎（2002）主要研究了两部制电价在发电企业上网电价制定中的应用，其中有的学者有针对性地探讨了两部制定价方法在水电、核电以及抽水蓄能电站中的具体应用，这些文献指出了当前单一电量制电价体系的弊端，主张发电企业上网电价采取两部制的电价形式，并结合实际给出了算例；董军、王文龙（1995），万永华、穆哈西、胡铁松（1997）和李强、袁越、李振杰等（2009）研究了峰谷电价在水电、抽水蓄能发电制定上网电价中的应用，其中李强、袁越、李振杰等（2009）认为峰谷电价在抽水蓄能电站的应用中能够取得明显的经济效益。

3. 电力投资监管研究

一些学者还研究了我国发电侧的电力投资监管问题。其中，余永林（1996）研究了电价机制与电力投资的相互关系，探讨了科学的电力投资资本收益计算方式以及合理的利润率标准；郑家亨（2001）深入探讨了我国电力投资体制改革与管理体制改革问题，主张建立统一的电力市场、培育合理的竞争机制、健全合理的电价形成机制，并分析了电力体制改革中的政府职能定位问题；马歆（2006）从体制、投资结构和投资风险等几个方面讨论了在新环境下电力投资中存在的一些问题，如电力投资规划责任主体不清晰、电力投资结构不合理、电力投资市场风险加大等，并提出了相应的政策与建议；韩金山、刘严、谭忠富（2006）构建了中国电力投资市场的竞争博弈模型，解释了实际发生的羊群效应和新一轮的投资热潮，对可能存在的投资过热现象提出了疏导建议。

（三）国内外上网电价定价理论研究述评

国外关于竞价模型的理论研究对于我国现阶段电力体制改革实践而

言借鉴性略显不足,但其关于公用事业政府定价的理论则具有较强的指导意义。我国电价管制前期采用的定价方法基本属于公正报酬率法,由于其较为稳定的收益保障,极大地刺激了我国电力工业的投资发展。后期采取的煤电标杆价格管理,实际上也具有上限制和标尺竞争的效果,在维持电力工业稳定发展的基础上,激励发电企业进行成本控制。此外,两部制电价和峰谷电价管理也均体现了国外公用事业价格管制经验的借鉴。然而,国外的诸多关于公用事业产品定价理论主要是基于自然垄断行业,即适用于实行垄断经营的企业产品定价,鉴于我国厂网分开后,发电侧的市场结构和产品结构均发生了变化,形成了竞争性市场结构,电力产品也被细化,上述公用事业政府定价理论的适用性有所弱化。

国内关于上网电价的定价理论研究也存在一定的局限性,主要表现在两个方面:一方面,上网电价形成机制的研究较为分散,水电、核电、可再生能源发电各自为营,并没有建立各类型机组之间的相互联系,也没有形成上网电价制定的系统理论和整体原则,针对我国电力体制过渡期较长的国情,上网电价的系统设计尤为重要,否则会造成过高的监管成本和改革成本。另一方面,提出的许多上网电价制定方法,其理论价值和实践价值均值得肯定,但每一种方法本身依然存在许多不完善之处,仍未充分体现出电力体制改革后电力产品被细化的特点。此外,一些定价方法对成本的处理主要基于发电设备的物理特性和技术特征,并未充分考虑成本与需求的经济学原理,这些都需要进一步的研究。

四、研究难点

本书研究难点在于电力产品定价的复杂性,这种复杂性主要表现在以下几个方面:

第一,转轨期本身的特殊性,一方面厂网分开后发电侧已经是竞争性市场结构,对大量的发电企业进行管制本身就是难点;另一方面我国电力体制转轨还伴随着公有制经济及国有企业的改革问题，由于国有企业与私人企业具有不同的成本约束和行为准则，对其管制亦是困难。

第二，发电侧的电源非常复杂，有水电、煤电、气电、核电、风电、抽水蓄能等等，各种电源电站的运行特点和成本结构各不相同，更重要的是他们各自在电力系统中的定位不同，对电力系统的贡献不同，这些差异反映在价格制定中就显得极为复杂。

第三，电力企业通常是联合生产多种产品，例如热电联产企业同时生产电和热两种产品，调节性能好的发电企业同时生产电能量和辅助服务两种产品，其中辅助服务又具有公共产品性质，甚至高峰时段与低谷时段生产的电能量也属不同产品，对于多产品的价格确定以及共同成本的分摊，应该遵循什么理论和原则，既是重点又是难点。

第四，上网电价管制并非简单的对发电企业产品价格的管制，而是要平衡发电企业之间、发电企业与电网企业之间的利益，甚至要考虑到下游终端电价的水平、结构与消费者负担等。因此，上网电价的设计既要理顺价格关系，体现效率和公平，又要防止利益格局的过度调整，能够被利益相关方普遍接受。

第五，价格管制还需要考虑经济性，因为政府管制也会耗费大量成本，每一项政策的实施都要衡量管制成本与社会收益，以及可操作性。因此，在电价管制政策制定中需要兼顾社会效益和管制成本，在能够获得大致相同收益的政策选择之间，需要尽量地选择管制成本较低的方案，而这很可能要被迫偏离市场最优定价结果。

五、研究方法

（一）实证分析法与规范分析法

实证分析与规范分析是经济学理论研究的主要方法。实证分析主要回答"是什么"的问题，是指从大量的经验事实中概括总结出具有普遍意义的结论或规律，侧重于叙述经济活动的过程与结果、现状与趋势等，实证分析只注重实施描述，不带有任何感情色彩和价值观。规范分析主要回答"应该是什么"的问题，是以一定的价值判断为基础，提出某些问题的标准，以及如何才能达到这些标准的研究方法。经济学研究就是在描述经济现象"是什么"的基础上，通过价值判断提出"应该是什么样的"，进而提出一定的政策与建议，以达到预定目标。实证分析离开了规范分析就失去了存在的意义，而规范分析脱离了实证分析则可能出现主观臆断，因此只有实证分析与规范分析相结合才能达到理想效果。本书在研究我国电力体制转轨中上网电价形成机制时，既要通过实证分析对我国的电力体制改革尤其是电价改革进行分析和总结，并在此基础上指出存在的问题与困难，又要在电价形成机制的经济学理论基础上，从一定的价值判断标准出发，提出我国电力体制过渡时期的上网电价应该如何设计，进而实现实证分析与规范分析相结合。

（二）定性分析法与定量分析法

定性分析是指研究者通过分析对象的历史、现状等信息资料，对研究对象性质、特点、发展变化规律等作出判断的一种方法。定量分析是指研究者通过统计调查法或实验法，像自然科学那样建立研究假设，收集精确的数据资料，然后进行统计分析和检验的研究过程。定性分析和定量分析相辅相成，是科学理论研究所必需的重要方法。定性分析是定量分析的基本前提，没有定性的定量是一种盲目的、毫无价值的定量；定量分析使定性分析更加科学、准确，它可以促使定性分析得出广泛而深入的结论。本书的研究，既要对我国电力体制转轨时期上网电价的历史与现状，以及存在的问题等进行定性地判断和概括，又要通过实践数据来对定性结论进行量化分析，以求科学精确，也是对定性结论的有力证明。

（三）文献研究法与实地调查法

文献研究法是指搜集、鉴别、整理文献，并通过对文献的研究形成对事实的科学认识的方法。文献研究法有利于对问题的研究历史和研究现状形成准确把握，并在已有研究的基础上进行深入研究，是理论研究的基本方法，理论综述是文献研究法的集中体现，也是理论研究的必要前提。实地调查是应用客观的态度和科学的方法，对某种社会现象，在确定的范围内进行实地考察，并搜集大量资料以统计分析，从而探讨社会现象。实地调查法有利于获得一手资料和真实信息，增强理论研究的科学性和可信度。文献研究和实地调查是信息获取的两种重要方法，本书采用文献研究与实地调查相结合的方法，实质上也是坚持理论与实践相结合的研究态度。一方面通过国内外已有文献的搜集和梳理，对上网电价管制的研究现状有一个较为清楚的把握，并在现有研究不足的基础上进一步深入研究；另一方面，为了避免二手资料的片面和局限，本书在研究过程中还通过对一些地区电厂调研座谈的方式，了解电厂生产运行和电价执行中的具体情况，增强本书研究的真实可靠性。

（四）比较分析法

比较分析法是指把客观事物加以比较，以达到认识事物的本质和规律，并做出正确的评价。本书的研究自始至终都体现了比较分析法的应用，包括比较分析不同电力产业组织类型的特点、效率以及对上网电价的不同影响；比较分析不同类型机组的特性、运行特点、成本差异，并在此基础上进行上网电价形成机制的分析；比较不同政府价格管制方法的异同和优缺点，并在此基础上探讨上网电价管制方法的合理设计；在进行上网电价设计时还比较了我国同国外电力体制改革的背景差异，力求探索适合本国国情的上网电价管制方法。

六、创新之处

本书的创新之处在于集成创新和体系创新。集成创新主要是在对不同类型发电机组运行特点、成本特性等详细分析的基础上，将各类型发电机组作为有机整体进行上网电价系统设计，这在至今的研究文献中尚未有过，现有的文献主要只针对某一电源发电机组的上网电价进行研究，缺乏系统性和整体性。体系创新主要是对我国目前电力体制转轨时期的上网电价进行了体系设计，为我国电力体制转轨时期的上网电价管制提供具有针对性和可操作性的系统理论。具体来说，集成创新与体系创新体现在理论与实践两个方面。

理论方面，本书揭示了竞争性电力市场结构下电力产品价格形成机理；分析了我国单一买方市场结构无法实施竞价上网的原因；分析了发电侧不同类型发电机组的性能特点、产品特性和运行方式，以及影响发电机组上网电价的成本与需求因素；研究了发现生产技术差异化行业长期边际成本的替代方法，即"标杆成本法"，并阐述了形成标杆成本需要满足的特点；进一步改善了两部制定价方法，系统分析了成本型两部制与产品型两部制的异同，以及产品型两部制在我国上网电价设计中的优势。

实践方面，本书立足当前实际，针对我国电力体制转轨时期发电侧市场结构和产品结构发生的新变化，提出了一套科学系统的上网电价体系，并具有针对性、系统性和可操作性。针对性体现在该上网电价体系就是为了解决当前上网电价政策面临的问题与不足，可以说是为我国现阶段电力体制所量身定制；系统性体现在不再对不同电源机组分别研究并制定各自的电价形式，而是在电价设计过程中体现了产品分类定价思想，并建立了不同类型发电机组之间的有机联系；可操作性体现在本书设计的上网电价体系兼顾了社会收益与管制成本的关系，在煤电标杆价的基础上进行设计和优化，既充分利用了已有的改革成果，又降低了改革成本和管制成本。因此，本书提出的上网电价体系为我国现阶段上网电价的管制实践提供了理论指导，并为下一步向竞争性电力市场过渡创造了有利条件。

七、研究思路与研究框架

本书共撰写七章。

第一章为导论，主要阐述本书的研究背景及意义，界定本书的研究对象，论述相关理论研究现状，以及介绍本书的研究难点、研究方法、可能的创新之处和论文的框架结构。

第二章主要介绍电力商品和发电侧行业特点，这一部分是本书研究的现实基础，只有在对电力工业和电力产品的属性有了清楚的认识，才能深入研究电力产品背后的本质规律，进而才能探讨电力产品价格形成机制的经济理论。本章将沿着"电力商品属性——发电行业特点——发电侧技术经济特征——不同类型发电机组特点"的路线，逐步阐述发电行业的特性，为后文的研究奠定基础。

第三章主要介绍上网电价管制理论，这一部分是本书研究的理论基础，分别从价格理论、产业组织理论和管制经济学理论进行阐述。价格理论部分主要阐述了电价机制和电价体系，以及合理电价的标准。产业组织理论部分阐述了电力产业组织类型的特点、电力产业组织形式的选择标准与转轨方式，并分析了当前的单一买方市场结构为何无法实现竞价上网。管制理论部分阐述了政府价格管制的内涵、性质和原因，并针对我国电力体制转轨时期分析了价格管制的目标。

第四章主要研究上网电价的影响因素与形成机理。分别从需求和成本两个方面探讨影响上网电价的影响因素，以及这些因素在上网电价形成过程中所起的作用如何。最后提出了"标杆成本"的概念，并认为标杆成本是发电行业长期边际成本的有效替代，是发现发电侧长期边际成本的有效方法。

第五章主要介绍我国电力转轨时期的上网电价管制实践。回顾了我国上网电价管制的历程与现状，并重点分析了现阶段上网电价管制存在的问题，在此基础上引出本书研究上网电价形成机制所要解决的主要问题。

第六章主要研究我国电力体制转轨时期上网电价的合理设计。研究思路是，先对发电企业的产品初分为电能量和辅助服务两类，并将煤电标杆价作为发电行业标杆成本，在此基础上进行各类发电机组上网电价形式的设计。本章还研究了上网电价联动问题，以及辅助服务成本的分摊问题。

第七章是本书的结论与展望。首先，对本书研究的主要内容和主要结论进行简要总结，并分析了本书研究成果与下一步建设竞争性电力市场的对接问题；其次，还探讨了我国下一步电力体制改革所要面对的主要问题和难点，以及构建竞争性电力市场的路径选择问题。

如图1-3所示为本书研究的技术路线图。

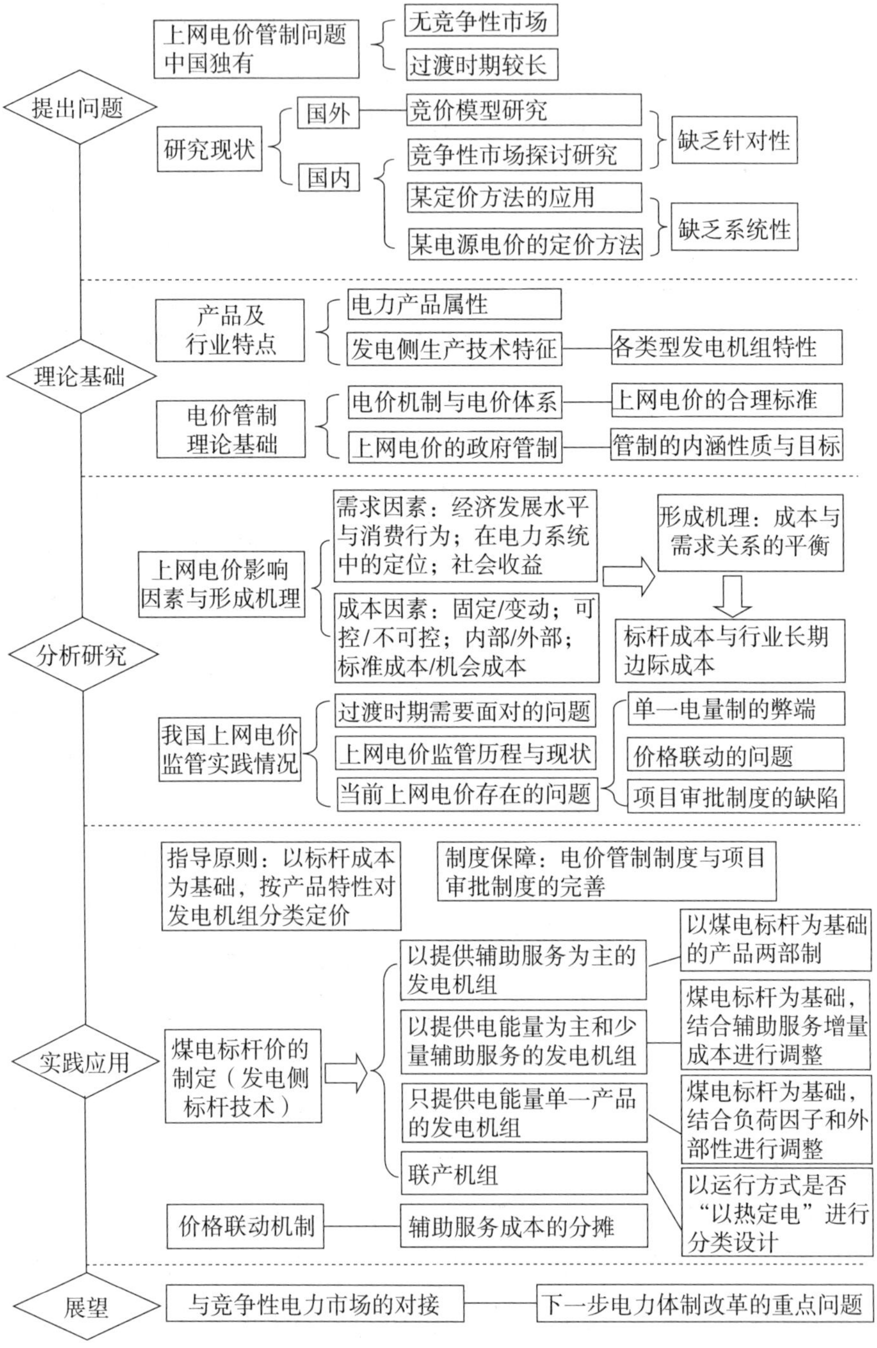

提出问题
- 上网电价管制问题中国独有
  - 无竞争性市场
  - 过渡时期较长
- 研究现状
  - 国外
    - 竞价模型研究
    - 竞争性市场探讨研究 —— 缺乏针对性
  - 国内
    - 某定价方法的应用
    - 某电源电价的定价方法 —— 缺乏系统性

理论基础
- 产品及行业特点
  - 电力产品属性
  - 发电侧生产技术特征 —— 各类型发电机组特性
- 电价管制理论基础
  - 电价机制与电价体系 —— 上网电价的合理标准
  - 上网电价的政府管制 —— 管制的内涵性质与目标

分析研究
- 上网电价影响因素与形成机理
  - 需求因素：经济发展水平与消费行为；在电力系统中的定位；社会收益
  - 成本因素：固定/变动；可控/不可控；内部/外部；标准成本/机会成本
  - 形成机理：成本与需求关系的平衡
  - 标杆成本与行业长期边际成本
- 我国上网电价监管实践情况
  - 过渡时期需要面对的问题 —— 单一电量制的弊端
  - 上网电价监管历程与现状 —— 价格联动的问题
  - 当前上网电价存在的问题 —— 项目审批制度的缺陷

实践应用
- 指导原则：以标杆成本为基础，按产品特性对发电机组分类定价
- 制度保障：电价管制制度与项目审批制度的完善
- 煤电标杆价的制定（发电侧标杆技术）
  - 以提供辅助服务为主的发电机组 —— 以煤电标杆为基础的产品两部制
  - 以提供电能量为主和少量辅助服务的发电机组 —— 煤电标杆为基础，结合辅助服务增量成本进行调整
  - 只提供电能量单一产品的发电机组 —— 煤电标杆为基础，结合负荷因子和外部性进行调整
  - 联产机组 —— 以运行方式是否"以热定电"进行分类设计
- 价格联动机制 —— 辅助服务成本的分摊

展望
- 与竞争性电力市场的对接 —— 下一步电力体制改革的重点问题

图1-3　本书研究技术路线图

第二章 电力商品与电力行业的特点

一、电力商品属性

电是由于电荷的存在或移动而产生的自然物理现象，所谓电力就是以电作为动力的能源。[①] 电力的发明和应用掀起了人类社会第二次工业化浪潮，如今，电力的广泛应用已经成为人类现代文明的标志之一。电力作为现代经济社会商品的一种，不仅具有商品的一般属性（如满足供求定律、具有竞争性[②]等），还具有诸多特殊属性。

（一）不可储存性

不可储存是电力商品最为与众不同的特点。商品的储存与否取决于两个方面因素——技术和成本。所谓电力的"不可储存"是指在现有的技术水平下还无法实现大规模的电力储存，即存在技术障碍，目前的科技水平虽然可以通过蓄电池来储存有限的电力，但如此有限的电力储

[①] 尽管电是一种自然现象，如现实世界中的静电、闪电等，但是人类开发利用的电能却是由煤炭、石油、水力等一次能源转换而来。实现这种转换源自16—17世纪物理学界的一系列科学发现，其中最关键的当属1831年法拉第发现的磁场与电流的相互关系，即磁场的变化能产生电场，电场的变化也能产生磁场。电与磁的转换原理，开启了人类开发利用电能的大门。无论是用煤炭、石油、天然气发电，还是用水、风、核能发电，基本原理都是一样，都是利用一次能源做功带动磁路和电路的相对运动，从而实现一次能源到磁能再到电能的转换。

[②] 一些著作中认为电能具有准公共物品特性，理由是在一定条件下电能不具有竞争性，这种说法并不准确。所谓"非竞争性"是指在消费过程中一些人对某一产品的消费不会影响另一些人对这一产品的消费，换言之，在某种产品的数量给定的条件下，增加消费者的边际成本为零，这在电力行业中是不存在的。在供求平衡的情况下，增加消费者用电，要么提高发电机组出力或启动备用机组多发电，从而边际成本不为零；要么拉闸限电，即使只增加一位消费者不需要拉闸限电，也会存在电压、频率的变化，从而影响所有消费者用电。电能产品的竞争性是建立竞争性电力市场的基本条件之一。

存技术是无法支撑起一个现代化社会的工业生产和生活用电需求的。因此，在纷繁的商品世界中，唯有电力商品具有真正的"不可储存性"。其他商品如果存在不储存的现象，定是储存的成本太高而没有储存的必要，是"不宜储存"而非"不可储存"。

电力的不可储存性决定了电力商品的生产与消费必须实时平衡。也即是说，电力商品生产、运输、消费等环节必须同时完成，否则会引起频率和电压的波动，从而对电力用户造成损失，严重时甚至引起整个电力系统瘫痪，造成大面积停电事故。因此，电力系统必须具备较高的稳定性和协调性。

(二) 供需刚性与消费随机性

电力商品的供给弹性和需求弹性都较小，即具有供需刚性的特点。供给刚性源自两个方面：一方面是由于发电厂的发电量受其设备容量的限制，如果需求超过最大容量，即使价格再高，也无法提高供给；另一方面是由于发电厂的建设周期较长，如火电一般为3年、水电为5年、核电为10年，因此在短期内发电厂的数量和最大发电量是固定的。电力需求刚性也基于两个原因：①电力是必需品，无论电力商品价格如何，居民总要使用一定的电量来维持日常生活，工厂也要使用一定电量来完成生产任务，就像水和粮食一样，现代社会的每个人都离不开电力的消费。因此，电力价格不仅是居民生活的重要成本之一，也是各行业商品和服务生产的必要成本，甚至是一些制造业生产成本的重要组成部分，这也是政府部门非常关心电力价格水平的原因。②电力无有效替代品，电力是世界公认的高品质能源，在现有科学技术水平下几乎没有替代品，可以想象，一个现代化工业社会，如果失去电力供应就会立刻陷入瘫痪，无法正常进行生产和生活。

电力消费具有随机性。例如用户在用电之前，并不需要提前通知发电企业，直接开关电源即可。电力消费的随机性也意味着短期电力需求的波动性，尽管在一段时期内（如一年、一季度、一月）消费者的电力需求存在刚性，但这些电力需求分布在每一时点上却是随机的、波动的。电力商品消费的随机性与不可储存性并存,对电力系统的可靠性和安全性构成了挑战,必须有电能量与电力辅助服务的实时协调才能实现。

  电力用户的消费特性还会对电力企业的成本构成产生影响,尤其是固定成本的影响。① 假如系统内有两个用户,他们的最大需求量相同,即最大负荷是相等的,相应的,系统为他们准备的发电容量也是相等的,比如 30 千瓦。如果 A 用户日用电时间是 16 小时,B 用户日用电时间是 8 小时,那么 B 的用电量是 A 的一半。所以,虽然 B 用户的用电量是 A 的一半,但系统为他准备的容量与 A 是一样的,从而为之支付的容量成本也是一样的。也即是说 B 用户并未因消费量少而减少系统的固定成本支出,B 用户用的 1 度电要比 A 用户用的 1 度电多耗费一倍的固定成本。再换个例子,如图 2-1 所示,甲、乙两个用户用电量相同,但需量不同,结果乙的固定成本比甲高出 50%。

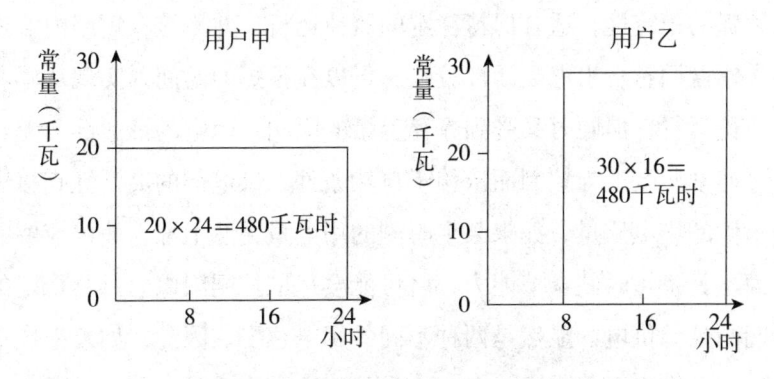

图 2-1　用电量相同而耗费容量成本不同

---

① 在通常情况下,单位产品内含有的固定成本主要取决于生产与销售的批量,作为一般制造业的产品,其单位产品内含有的固定成本应该相同,例如电视机、运动鞋等,同一批量下的单位商品应包含相同的固定成本。只要是在同一时间、同一市场内,无论哪个商家,如果对同一批量的同种商品以具有不同的固定成本含量为理由定出不同的价格,则社会不仅不会承认这种固定成本的差别,而且还会认为这是一种歧视性定价行为。但是在电能产品的生产和销售中,同一计量单位有不同、有时甚至是很大差别的固定成本,这是由电力用户消费特性决定的。

（三）电力商品的同质性与异质性

电力商品既有同质性又有异质性。同质性是相对于电力产品的物理特性来说的，因为电力系统对电力产品有非常严格的标准，发电厂商生产出来的电能必须符合规定的频率、电压等级才能接入输电网络，配电公司卖给用户的电能也必须达到严格的频率和电压要求，否则就会导致电力系统故障、对电器设备造成损害。因此，从电力产品的物理特性来说，电是同质的，所有人购买的电能量都是一样的，尽管居民用电和某些工业用电存在一定的电压差别，但在居民群体内部和工业部门内部，并不存在任何差别。

电力商品又是异质的，这种异质性体现在电力供应的灵活性和稳定性上。上文说过，电力消费具有随机性，且电力系统需要保持实时平衡，因此电力供应侧必须灵活性和稳定性兼顾。由于发电机组性能的限制，不同的发电厂商生产的电能具有不同的灵活性和稳定性，例如核电具有较强的稳定性，适合保持稳定的负荷运行，并不能在短期内实现负荷的大幅度调整；水电灵活性较强，可以在很短的时间内实现从零负荷到满负荷运行，但同时又受到库存容量的限制；风电的灵活性更差，其发电量通常不受人为控制而依赖于自然条件。供电侧的灵活性直接影响到需求侧的用电质量，如果某个时刻的用电量突然上涨，而供应侧的发电厂商不具备短时间调节能力，就可能会采取拉闸限电。持续稳定的供电与间断性地供电，显然是两种不同的用电感受。因此，如果把供电的灵活性和稳定性考虑进来，电力商品就不再是同质的，而是异质的。体现在价格上，持续稳定供电价格就要比可间断供电价格要昂贵。

（四）电是系统集成产品

电力的不可储存性要求电力系统保持高度协调性和稳定性，这就要求发电侧各个发电机组紧密配合。各类型发电机组根据自身特点，承担着电力系统的不同任务。调节性能差的机组主要负责满足用户的基本用电需求（即最低用电量），生产基荷电量；调节性能好的机组负责满足用户的高峰用电需求，生产峰荷电量；还有一些机组要提供辅助服务，以维持电力系统的电压、频率稳定和避免应急性事故。对于发电企业来说，电能量和辅助服务具有不同的价值和成本特性，属于不同类型的电力产品，即使同属电能量，基荷电量和峰荷电量亦属不同产品。然而用户所购买的只是电能量一种产品，该产品实质上就是一种集成产品，其价格为发电侧不同产品价值的集合体现。

二、电力行业属性

（一）电力系统运行环节

电力系统生产运行由"发输配用"四个环节组成，[①] 电厂发出的电通常要经过升压并入输电网络，再通过降压输入电压等级较低的配电网，最后再将电能供应到工商业部门和个人终端用户。

1. 发电环节

发电环节是电力的生产环节，是指发电厂商通过特定的生产系统和技术设备将其他能量转换为电能量的过程。按照一次能源的种类不同，发电厂可分为火电、水电、核电、风电等不同种类，其中火电还进一步细分为燃煤电厂、燃气电厂和燃油电厂。按照发电机组的运行方式，发电机组又可分为基荷运行、调峰运行和提供辅助服务。电力需求呈现出峰谷差异，每天最低的电力需求称作基荷，是发电侧每天需要供应的基本电量，基荷是相对稳定的；每天最高的电力需求称作峰荷，是发电侧

[①] 也有一种说法是由"发输配售"四个环节组成，实际上该说法并不准确而且具有误导性。从电力生产的技术环节看，发电、输电、配电和用电是瞬间完成的，准确地表达了电能量从生产到运输再到消费的整个过程，以及电力产品的不可储存特性。而"售电"只是纯粹的商业环节，是从配电环节中分离出来的一种服务，而且"售电"并不要求与其他环节一起瞬间完成。之所以说"发输配售"的提法具有误导性，是因为此提法容易让人误解为"发输配"之间不存在"售"的环节，这在过去垂直一体化的组织形式下是正确的，但在竞争性电力市场下，各个环节在经营上已经相分离，发输配用每个环节之间都有销售行为。实际上，"发输配售"的提法是基于电力系统主体，属产业组织结构范畴，西方电力体制改革进行纵向分拆后，售电业务从配电环节中分离出来，允许不同的企业参与竞争，从而形成了与发电商、输电商、配电商相并列的独立主体售电商。但对于描述电力系统生产运行环节来说，"发输配用"则更为准确。

每天需要供应的最高电量，峰荷受到生活习惯、季节变化以及社会活动的影响，但根据统计数据也可发现相对稳定的规律；在基荷与峰荷之间的电力需求称作腰荷，腰荷较为随机，每天的用电量就在基荷与峰荷之间不断变化。运行方式多样化意味着发电厂商通常提供的是多产品——电能量、电容量和辅助服务。

发电企业的装机容量决定了该企业的发电能力，是该企业能够生产出的最大电量，所有发电企业的装机容量之和则决定了整个电力系统的供电能力。如果社会用电需求超过了电力系统的供应能力，为了保持供求平衡，只能采取拉闸限电或者提高电价降低需求。发电机组的灵活性则决定了该电厂在发电侧的定位或作用。如果发电机组调节性差（如核电），调整负荷会产生巨大的成本，只有持续满负荷运行才是最经济的，甚至技术条件的限制不可能实现短时间调节，这类发电机组通常实行基荷运行。如果发电机组调节性能好（如燃气电厂），能够以较小的成本实现短时间内的负荷调节，这类机组通常实行调峰运行。还有一些调节性能更好的发电机组（如多年调节的水电站）则提供调频调压、旋转备用、黑启动等辅助服务。通常情况下，不同类型的发电机组在电力系统中承担着不同的作用，同时也意味着不同的成本结构，更意味着发电侧产品定价的复杂性。[①]

2. 输电环节

发电企业发出来的电能要通过输电网络传送到配电环节，输电环节的运行特点由电力运输的物理属性决定。其一，电能输送过程会产生损耗，且损耗大小与输送距离成正比，与电压的平方成反比。因此，为了减少远距离输电造成的损耗，电能的输送通常要采用高压输电，发电厂发出的电能经过升压后并入输电网（即通常所说的"上网"），到配电环节时再经过降压输送到终端用户。目前国际上主要采用的输电电压等级是220千伏和500千伏，近年来我国正在实施特高压输电工程，电压等级

[①] 详细的讨论见本章第三节"发电侧属性"。

将达到 750 千伏甚至 1000 千伏。其二，电能的流动遵循"基尔霍夫定律"自由流动。输电网络与电话网不同，不是一个定向流通的网络，而是一个大型的网状结构，且回路越多越安全可靠。在这样的交流网络上，我们无法控制电能在电网中的流向，输电网络中的所有用户只是接收到了恰好流经自己的电能而已，并不能知晓接收的电能是哪个发电厂商发出的，甚至具体从哪个方向输送来的。此外，输电网络又是脆弱的，一旦过载或者网络堵塞，就会使得电网失去稳定性，造成大面积停电事故。输电系统的网络性结构使得输电环节具有明显的自然垄断特征，即由一家企业运营是最优的，因为建设两套输电网是一种极大的浪费，而且无法保障输电系统的安全性与稳定性。对于垄断经营的输电厂商，输电价格通常实行政府管制。"通常情况下，输电环节成本大约占到供电总成本的 5%～15%。"[①]

发电厂发出的电能一旦上网，便以光速传输，从输电网到配电网再到用户消费，在微秒级就瞬间完成。因此，发电厂商什么时候开始发电、什么时候停止发电、谁先发电谁后发电，都需要进行统一安排，并且要做到准确无误，以便时刻保持电力系统中电能的供需平衡。这就需要一个专门的调度机构，以安排电力系统中的生产与消费行为。电力用户无数家，不可能对每个用户的用电行为进行协调，只能对有限数量的发电厂商进行协调，所以每个用户按下开关之前无需报告调度机构，但发电厂商的发电行为则要由调度机构按照一定的规则进行安排。在发输一体化的电力组织结构下，为了提高系统协调性，调度机构通常设在输电网企业内部，以降低交易成本、提高协同效率；在发输分离的竞争性组织结构下，为了保证调度机构的中立性和各发电企业的公平竞争，通常把调度机构从输电网企业中独立出来，发电企业按照一定的规则进行报价，竞争上网，调度机构按价格由低到高的顺序进行调度。

3. 配电环节

配电环节是将电力从输电系统进一步传送给终端用户，它与输电网

---

① 叶泽，张新华. 推进电力市场改革的体制与政策研究 [M]. 北京：经济科学出版社，2013：9.

一起同属于电力的运输环节。电力用户日常的用电电压要远远低于输电网的电压，所以从输电网到用户之间还需要经过多次降压，配电公司就主要负责把输电网中的高压电降为低压电，再输送到家庭、工厂等终端用户，它的作用如同一般商品市场中的零售中间商。由于配电环节直接与电力用户接触，配电环节通常包含两种业务：线路业务和售电业务，线路业务就是以上所述的送电业务以及故障检修等，售电业务包括用户服务、计量、收费等。

世界上大部分国家的电力产业都是配售一体化的，配电公司在配电的同时直接进行售电服务，以达到节约交易费用的目的。配电网与输电网一样具有网络性，也具有明显的自然垄断特征，因此配电价格也受到政府的价格管制。但是配电环节的自然垄断性相对输电环节有所减弱，原因在于配电网络往往只是区域性网络（如一个市），而跨区域的输电网在全国范围内均具有自然垄断性。在实行电力完全竞争的国家，售电业务也从配电环节中分离出来，允许不同企业参与竞争，理由是配电环节中只有线路业务具有自然垄断性，而售电业务如计量、收费等是完全可以竞争的，而且电力零售商可以通过同时销售电能、自来水、天然气等多种产品获得范围经济。在配售分离后，用户可以在不同的电力零售商选择购买电能，甚至可以到超市买到电能，使得售电成为纯粹的商业环节。[①]

4. 用电环节

用电环节就是电力的消费环节，以上的发输配三个环节属于电力系统的供给侧，用电环节则属于电力系统的需求侧。上文已经阐述过，电力商品具有需求多变性，每天的电力需求呈现出峰谷差和随机性，为了时刻保持电力系统供需平衡，供给侧需要高度协调，配合调度机构的统一安排，有基荷运行的机组，也有调峰运行的机组，还有一些

[①] 我国存在一些机构可以代收电费，例如用户可以到邮局、银行等机构而不是电力公司去缴纳电费，仿佛是到这些机构去买电，然而这与配售分离的电力组织结构有本质区别，我国的电费代收只是电力公司把收费业务委托给中介机构，中介机构并没有定价权，也不是从电力公司批发电力再零售给用户，所以它们并不是独立的电力零售商。

机组提供备用等辅助服务。因此，用电环节的消费行为对发电环节生产行为具有深刻影响。

对发电机组来说，频繁地调整出力、变换负荷会导致发电成本的明显增加，因为频繁调整负荷会对设备造成损伤，既增加设备的故障率，大幅增加维修费用，又会减少设备寿命，增加企业的设备更新投资。因此，电力需求越稳定，峰谷差越小，对发电企业越有利，发电成本也越小。西方国家的工商业企业用电价格要低于居民用电价格，原因就在于此。因为工商企业用电负荷平稳，电压、频率变化不大，发电企业运行相对稳定，发电成本更低；相反，居民用电随机性更强，负荷变化幅度大，不仅会增加发电机组发电成本，还要配以更多的机组提供辅助服务，从而发电成本更高。但是我国居民电价要明显低于工商业电价，交叉补贴较为严重。[①] 为了优化发电侧运行状况、节约能源资源，政府往往通过调整终端电价结构对用户的消费行为进行调整。例如峰谷电价，即峰荷时段电价高于低谷时段电价，这样就会引导电力用户在低谷时段多用电、高峰时段少用电，从而达到削峰填谷、减少峰谷差的目的。

（二）电力行业特点

1. 系统性与高度协调性

"系统"一词源自工程学概念，是指为实现规定功能以达到某一目标而构成的相互关联的集合体。电能不可储存，电力系统发输配用同时完成，这就要求电力系统的发电、输电、配电和用电必须作为一个有机联系的整体来运行，各环节必须保持高度协调。其他任何商品都没有像电力商品这样，从生产到消费要具备如此高的系统性要求，其他商品的生

---

① 交叉补贴是我国电力工业发展中存在的历史问题，在竞争性电力市场下，居民用户和工业企业用户均是平等的购电主体，但是消费特点不同使得发电成本不同，所以正常情况下居民电价要高于企业电价，但是考虑到民生发展，我国长期以来居民电价低于工业企业电价，一直存在交叉补贴现象，这样的定价水平既不反映生产成本也不反映用电偏好，电价结构严重扭曲，难以促进节能和提高能效。如今，交叉补贴成为理顺电价体系、建立竞争性电力市场机制的一个重要障碍。新一轮电力体制改革的目标之一就是要理顺定价机制、形成真实反映电力社会价值的价格水平，其中要重点解决的一个难题是逐步改变工业电价与居民电价之间的交叉补贴。

产通常按照需求计划进行，而无需知道市场的实际需求，产少产多都不会导致市场大乱，产少了可以追加生产，产多了可以储存起来以后再卖，而且某一批次或者某一厂家生产的次品也不会对该商品的产供销系统造成大的影响。电力行业则不同，某个局部失去平衡或者出现故障就会迅速放大，会导致大面积的停电事故，甚至电力系统的瘫痪。因此，"保持电力系统在生产、发展中的整体一致性，是电力系统的客观规律，也是电力工业的一个主要特点"[①]。

电力系统的协调性分为纵向协调和横向协调。纵向协调要求产业链上的发输配售的紧密配合，在20世纪七八十年代，电力工业通常采取纵向一体化的产业组织形式，目的就在于降低协调成本，以保持电力系统的整体性。后来由于技术进步，尤其信息通信技术的发展与应用，大大降低了协调成本，电力工业逐渐进行纵向拆分，旨在引入竞争提高效率。但无论是纵向一体化，还是拆分后的竞争性组织结构，保持系统协调性和安全可靠性始终是前提，成本通常要给安全让步。这在发电侧的横向协调中也有表现，为了应对复杂多变的需求变化，发电侧的发电机组需要紧密配合，哪些机组基荷运行、哪些机组调峰运行、哪些机组做事故备用都要遵循既定规则或者调度机构的安排，在电力投资方面就要考虑到各机组性能和运行特点形成合理的电源组合，以实现整个系统的最优化。即使在某个发电厂内部也体现出成本让位于安全的现象，例如某电厂拥有两台60万千瓦的发电机组，此时的用电需求是50万千瓦，单纯从经济角度考虑，显然是用一台机组接近满负荷运行成本最低，但是从系统安全性出发，调度机构可能会要求该厂两台机组全开，以"30万+20万"的方式运行，两台机组都未达到最优的运行状态，总运行成本更高，但提高了系统运行的安全性。[②]

---

① 王冬，李宗晓. 世界电力市场化改革启示（三）：把电力规律和市场原则结合起来［J］. 中国电力报，2001（7）.

② 如果视风险为一种隐性成本，把生产成本视作显性成本，那么该运行方式可以说是降低了隐性成本、提高了显性成本，进而实现总成本（显性+隐性）最低。

一个关键问题是，以什么样的规则来安排电力系统各环节的协调？在传统的垂直一体化组织结构下，整个电力系统就是一个大工厂，各环节以及各电厂都是大工厂的车间，这种协调通过行政命令来进行。然而在产业链分离的组织结构下，例如发电侧从原来的电力系统整体中分离出来，各发电厂成为独立的市场主体，行政命令已经无法协调发电环节的生产，此时只能依靠价格机制来协调，价格机制直接影响生产者行为，由于各机组运行方式不同，需要设计合理的价格体系，使得各发电机组无论是以生产电能量为主的基荷运行机组，还是几乎不发电、以提供备用容量等辅助服务为主的机组，都能获得公平合理的收入。

2. 外部性

电力行业既有很强的正外部性，也有很强的负外部性。正外部性主要体现在电力行业是一个国家的基础设施行业，它为其他行业的发展提供了动力支撑，尤其对带动工业制造业发展具有至关重要的作用，一国的经济增长率（尤其工业增长率）跟同期的用电量呈现出明显的相关性，如图2-2所示。电力产业还是国家的先行产业，由于发电量受到装机总量的限制，为了适应经济的高速增长，电力投资一般都要超前发展，以满足日益增长的用电需求。[①] 电力商品作为一种基本生产资料，是构成初级工业产品的重要成本，并进一步对各行业的生产成本甚至物价总水平产生一定的影响。因此，"电力产业良性发展所形成合理的电价可以降低国民经济运行成本，提高各行业产品在国际市场上的竞争力"[②]。此外，电力商品还是居民的生活必需品，电力行业的发展直接关系到人民群众的生活和消费。

电力行业的负外部性主要体现在以下两个方面：

第一，环境污染。电力行业利用的能源分为两大类：一类是煤炭、

[①] 国务院前总理李鹏著有《李鹏电力日记》就以"电力要先行"为名，体现出电力超前发展的重要性。

[②] 杨凤. 经济转轨与中国电力监管体制建构［M］. 北京：中国社会科学出版社，2009：72.

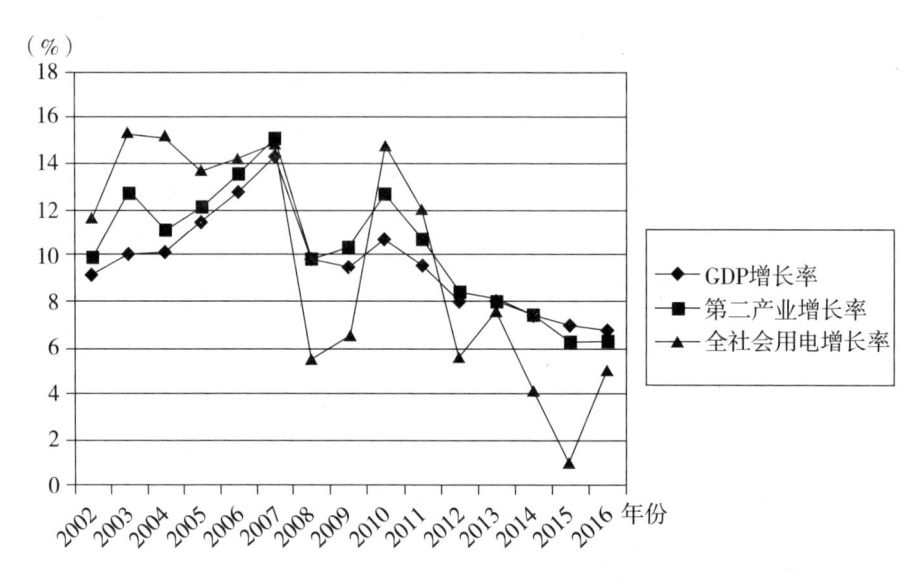

图 2-2　经济增长与用电量的相关性

数据来源：国家统计局数据库，中电联《电力统计基本数据》(2002—2016 年)。

石油、天然气等矿物质燃料；另一类是风能、太阳能、沼气、地热等非矿物质燃料，也称作可再生能源。就现阶段而言，矿物燃料仍是电力能源利用的主体，矿物燃料不仅不可再生，而且燃烧会释放二氧化碳、二氧化硫、氧化氮等污染物，从而会加剧温室效应和酸雨等环境污染。据各行业废气排放数据，电力、热力生产和供应的二氧化碳年排放量占全部行业排放总量的 30.1%，二氧化硫年排放量更是占到全部行业排放总量的 47.5%，均位居第一，电力产业已经成为中国最大的污染排放产业。[①] 为了促进节能减排、改善自然环境，国家鼓励电力产业环保技术和清洁能源的应用。但是这一政策面临困难，清洁能源发电成本高于传统能源发电成本，因此先进环保技术的应用会大幅提高发电成本，从而导致终端电价上涨。考虑到终端电价的社会敏感性，政府可能不愿意大幅度提高终端电价，这样就会降低发电企业应用环保技术的积极性。如果维持低电价，清洁能源发电机组就在市场竞争中处于不利地位，只

---

① 数据来源：根据《中国环境统计年鉴 2012》数据计算整理。

能靠政府补贴维持经营,以上问题都是上网电价改革需要解决和完善的。除此以外,清洁能源的利用也存在环境的负外部性,例如大型水电站对生态环境的影响、风能发电机对植被和土壤的破坏、核电对周围核辐射的威胁等等。对电力产业对环境的负面影响,除了鼓励新技术的开发与利用,还需要制定科学合理的电价政策,使得电力价格能够真实反映出发电的环境成本,并通过价格机制对发电行为进行引导。如图2-3所示,2005—2015年间,电力、热力生产和供应行业的废气排放量占比最高超过35%以上,虽然近几年加大了环境保护和节能减排力度,但是依然维持在30%以上。

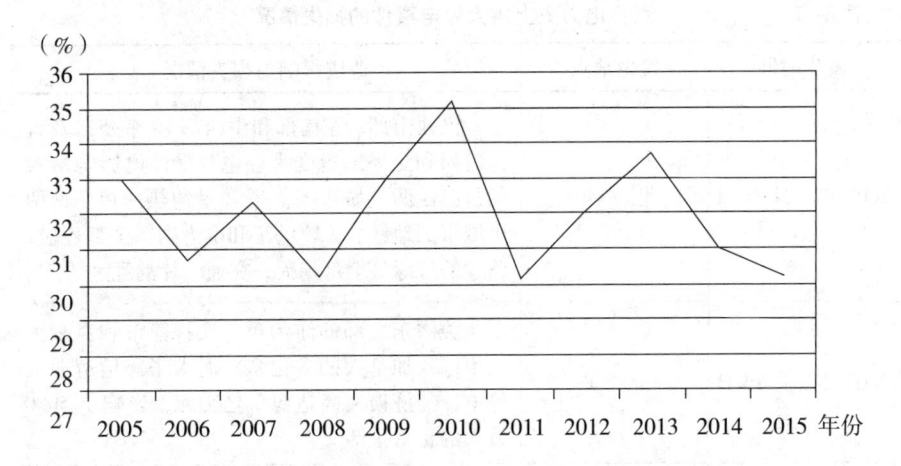

图 2-3 电力、热力生产和供应行业工业废气排放量占比

数据来源:根据《中国环境统计年鉴》(2005-2015 年)数据计算整理。

第二,停电事故造成的损失。停电事故对现代社会造成的巨大损失不言而喻,尤其是大城市,大面积停电会造成远远超过电力行业本身的损失。离开电力供应,工业及制造业的生产,银行、证券等服务业交易,以及公路、铁路、航空运输,商场、学校、医院等场所都会陷入停滞,人们的正常生活也都会受到影响,损失是不可估量的。在现代化社会,电气化率已经非常之高,各行各业都已经无法离开电力供应。例如,2003 年 8 月 14 日的美加大停电直接导致北美约 5000 万人的生产生活受到影响；2012年7月的一次印度大停电使得超过6亿人日常生活受到影响，是迄今为止世界最大规模停电事故。由此可见，电力系统的协调性和稳定性尤为重要，电力系统的协调性、稳定性的高低决定了社会成本的大小，协调性差、稳定性低则社会成本巨大，反之就会减少社会成本。为了保持较高的协调性和稳定性，许多国家的电力生产和运输仍然维持一体化经营，尽管发达国家进行的电力市场化改革成为诸多国家的改革趋势，但是屡次发生的大停电事故，使得一体化经营与竞争性市场孰优孰劣还未有确切定论，如表2-1所示。

表2-1　　　　世界电力史上重大停电事件的损失情况

发生时间	发生地点	造成影响与损失情况
2002年1月21日	巴西	巴西南部、东南部和中西部10个州以及首都巴西利亚等地遭受大停电，受停电影响最大的是巴西两大城市圣保罗和里约热内卢。这两个城市的地铁、无轨电车和电力列车全部停驶，路口的红绿灯全部熄灭，交通一片混乱
2003年8月14日	北美	美国东北部的纽约市、底特律市和克利夫兰市以及加拿大的多伦多、渥太华等地遭遇大停电，经济损失高达300亿美元，影响了5000万人的正常生活
2005年5月25日	莫斯科南部西南和东南市区	莫斯科市约有一半地区的工业生产、商业活动和交通运输陷入瘫痪，造成损失至少10亿美元
2007年4月26日	哥伦比亚	大规模停电事故，导致全国80%以上地区的各行业陷入瘫痪达3个多小时，造成直接经济损失至少达数亿美元
2011年9月15日	韩国	首尔、仁川、釜山、大田、庆尚南道等地遭遇大面积停电，212万户居民受到影响，经济损失高达5425万美元
2012年7月30日	印度北部东北部	印度三大电网先后崩溃，超过全国领土一半的地区电力供应中断，6.7亿人受到影响，有报道称这是全球历来规模最大的停电事故之一

3. 自然垄断性

电力产业具有明显的自然垄断性，但是不同阶段不同地域范围，其自然垄断性具有不同的强度。所谓自然垄断，是指一个企业能以低于两个或者更多企业的成本为整个市场供给一种物品或服务。最初的自然垄断理论基于自然条件或自然因素（穆勒），即自然垄断的产生源自对自然资源的独占，只要一人占有，就排出了他人占有的可能，从而不可竞争。例如，某一流域的水电站实际上就属于自然条件形成的垄断。

后来学者们开始研究自然垄断形成的经济特性，传统自然垄断理论（亨利·卡特·亚当斯、理查德·T·埃利、克拉克森和米勒、萨缪尔森和诺德豪斯、里普塞等）认为，自然垄断的产生源自规模经济，如果一个企业的平均成本在其产出规模扩大到整个产业的产量时仍然下降，就产生了自然垄断。现代自然垄断理论并不认为规模经济与自然垄断有必然联系，一些学者（卡恩、鲍莫尔、潘札、威利格、夏基等）从范围经济和成本次可加性（劣加性）的角度出发，进一步发展了自然垄断理论。如果多种产品由一家企业生产的总成本低于多家企业分别生产的成本之和，就满足范围经济特征，在成本函数上就体现为成本次可加性。成本次可加性是定义自然垄断的关键特征，任意产量水平上存在严格的成本次可加性是自然垄断的充分必要条件。[①] 无论是单产品生产还是多产品生产，只要成本函数在全部产量范围区间内具有次可加性，就会导致自然垄断。成本次可加性对于单产品生产企业来说表现为规模经济，对多产品生产企业来说则表现为

---

① 基于当代自然垄断已经收敛到仅具有网络特征的产业上来的现实，李怀（2004）认为传统的规模经济、范围经济或成本次可加性已无法有效解释自然垄断的成因，而网络经济性成为导致完全自然垄断的充分条件。详细可参考：李怀．基于规模经济和网络经济效益的自然垄断理论创新——辅以中国自然垄断产业的经验检验．管理世界，2004（4）：61-82．

范围经济。①

20 世纪 70 年代以前，通常认为电力产业是典型的自然垄断产业，世界各国的电力产业也主要采取垂直一体化垄断经营，此段时期电力产业的自然垄断性主要是基于规模经济。①电力产业是资本密集型产业，无论是发电厂还是电网建设，都需要巨大的固定资本投资，只有将其产出用来满足整个市场需求时，平均成本才可以降得很低，也就是说平均成本曲线在整个市场需求的产量范围内都是不断下降的。②电力产业投资通常周期都很长，而且电力资产具有较强的专用性，一旦投资建成很难转作其他非电力用途，因此电力资产的专用性意味着较强的资本沉淀性，从而形成较高的进出壁垒。③电力行业具有很强的网络经济性。电力产品特征决定了电力输配环节的网络特征，网络经济性表现在网络效益随着网络用户的增加呈指数增长，对于整个市场来说，一套输配网络足矣。因此，电力系统作为整体具有明显的规模经济性，传统自然垄断理论主张电力产业适合一体化垄断经营，同时结合政府管制。

20 世纪 70 年代以后，发达国家纷纷进行电力市场化改革，打破电力产业垂直一体化的传统组织形式。之所以如此，是因为理论界达成共识，认为电力行业的发电领域和售电领域不再具有自然垄断性质，从而适合放松管制，引入竞争。理由有三：一是技术进步降低了发电企业的沉淀成本比重，使得发电企业进出市场的障碍降低；二是信息通信技术的应用降低了发电企业与电网企业的交易成本，使得市场交易更有效率，尤其是互联网信息技术的广泛应用，使得电力调度和结算等行为变得极其方便，而且更加精确可靠；三是电力需求的大幅增加使得一家企业的成本函数不再满足次可加性，也即是说，市场需求过大使得一家企

---

① 从生产成本的角度看，规模经济和范围经济判断的标准存在差别，规模经济的判断标准一般以平均成本来比较：$(C_1 + C_2)/(Q_1 + Q_2) < C_1/Q_1 + C_2/Q_2$，其中 C_i 为第 i 企业生产 Q_i 产品的成本；而范围经济则一般比较总成本：$C(Q_1 + Q_2) < C(Q_1) + C(Q_2)$，其中 Q_i 代表企业生产第 i 种产品的产量。这就是规模经济并不必然导致自然垄断的原因，因为范围经济在平均成本曲线开始上升的一个区间内仍然具有成本次可加性，而此时已经不再具有规模经济。

业难以满足市场需求，否则企业规模过大会降低生产和运营效率，此时数家企业同时生产变得更加经济。但是，输电环节和配电环节由于较强的网络经济性，依然存在较强的自然垄断性，故仍然是垄断经营。

虽然电力产业的垂直一体化被打破，但是自然垄断性依然是电力产业的主要特征，只是此段时期的自然垄断具有不同的内涵。从产业链来说，真正实现发输配售完全分离的国家并不多，大多数国家采取的是部分分离或者说部分一体化，例如有的国家是发输一体化，有的国家是输配一体化，也有的国家是配售一体化，我国则是输配售一体化。这种纵向合并实际上就是一种范围经济，产业链上不同阶段的产品由一家企业来完成。[①] 因此，电力产业的自然垄断性除了表现在输配环节的规模经济性以外，还表现为纵向一体化的范围经济，自然垄断性仍然是电力产业的主要特征。

三、发电侧属性

（一）发电侧技术经济特征

1. 规模经济性

发电侧在电力市场化改革之前被认为是自然垄断产业，是不可竞争的。但在20世纪70年代之后，发电领域的可竞争性已经成为共识，发电领域逐渐放松政府管制，引入竞争。我国也在2003年实行了"厂网分开"，把发电领域从垂直一体化的电力行业中分离出来，并把原来的发电资产分拆为五大电力集团，[②] 并允许独立电力公司进入发电领域，实现发电侧竞争。发电侧的自然垄断性消失，并非表明发电侧规模经济的消失，只是在市场总需求范围内不再满足规模经济而已。实际上，发电侧的规模经济仍然存在，但是相比以前有所下降，不足以达到自然垄

---

① 传统垂直一体化的电力产业既可以用规模经济解释，也可以用范围经济解释，范围经济导出的成本次可加性完全可以解释自然垄断性，所以说，成本次可加性是自然垄断的充分必要条件。

② 五大电力集团包括：中国电力投资集团公司、中国华能集团公司、中国大唐集团公司、中国华电集团公司、中国国电集团公司。

断的程度。

发电侧的规模经济性是显而易见的。发电产业是技术资本密集型产业，从劳动力成本来看，发电领域具有显著的规模经济，发电机组规模越大则劳动生产率越高。"单机容量1万千瓦的电站与单机容量10万千瓦的电站所占用的活劳动相差无几，那么两者的劳动生产率就相差10倍以上，相应的单位电量的成本就会相差比较大。"[①] 正常情况下，固定资本比重较大的产业比固定资本比重较小的产业具有更强的规模经济性，体现在成本曲线上，固定资本比重较大产业的平均成本曲线从更高的位置开始递减，且递减的范围要更大一些。[②]

因此，发电产业相对一般产业来说，资本投入规模较大且具有资产专用性，仍具有一定的规模经济性，只是程度不如以前那样强，原因在于技术进步使得发电设备的成本有所降低。例如"火电机组容量小于30万千瓦时，随着机组容量的增加，规模经济效益比较明显，超过30万千瓦以后再增加机组容量，则规模经济效益不再显著，而核电机组的最小经济规模比火电机组还要更大些"[③]。对我国发电企业的研究也证实了这一点，李眺、张各兴（2012）对2003—2010年间火电厂成本结构的研究表明，当前大多数发电厂存在着规模经济，然而随着发电厂规模的增加，发电厂的规模经济性在显著下降，而且发电厂的规模经济性逐年下降趋势非常明显。

2. 范围经济性

当几种产品同时生产（联合生产）比分别单独生产的总成本更低时，就是范围经济。在讨论发电企业存在范围经济之前，需要确定发电企业究竟是单产品生产还是多产品生产。热电联产机组毋庸置疑是多产品生产，供热和供电属于两种完全不同的产品，可发电领域中的热电联

[①] 刘建平. 中国电力产业政策与产业发展 [M]. 北京. 中国电力出版社, 2006：20.
[②] 如果平均成本曲线递减的范围大到足以满足整个市场需求，就形成了自然垄断。
[③] 刘建平. 中国电力产业政策与产业发展 [M]. 北京. 中国电力出版社, 2006：21.

产机组比重并不大，占比较大的非热电联产机组情况如何呢？本书的观点是，在发输一体化的组织结构下，发电厂是单产品生产，而在发输分离的组织结构下，发电厂是多产品生产。

无论是发输一体化还是发输分离的组织形式，发电侧的最终产品都是电能量，然而电力的不可储存性要求电力生产必须与需求同步，否则任何不平衡因素都会导致电力系统故障。由于发电机组的性能不同，不是每个机组都能够做到在短时间内调整负荷（数分钟内的启动几乎没有一台发电机组能够做到），这就需要一些机组承担一些必要的角色以保证发电侧电力生产的灵活性。一些调节性能好的机组，有时只在需求达到一定负荷之后才运行，有的甚至要保持旋转备用（低负荷运行，以应对负荷的瞬时变化），还有一些机组运行只是为了吸收电力系统中的无功。这些机组的运行并不以生产电能量为主甚至不生产电能量，但是发电侧稳定的电力供应离不开这些机组提供的电容量和辅助服务。

在发输一体化的组织形式下，这些机组的运行依靠电网调度机构的行政命令，它们是为发电侧电能量供应服务的，否则最终的电能量就质量不合格，这些机组运行发生的成本算作最终电能量产品的成本的一部分，只是成本不是价格。所以在发输一体化组织形式下，发电企业是单产品生产，只提供一种产品电能量，电容量和辅助服务作为生产性服务计入电能量的成本。然而发输分离之后，发电企业成为独立主体，其生产行为不再服从原来电力公司的行政命令，而是遵循市场准则。既然遵循市场准则，发电企业的生产就要根据收益成本分析来安排，如果发电赚钱更多，肯定想方设法多发电，要想让某些发电企业提供辅助服务，就必须让它获得不少于提供电能量带来的收益。因此，在发输分离之后，调节发电企业生产行为的是价格机制，电容量和辅助服务与电能量一样，按照市场价格进行买卖，该价格不再是成本而是价值表现，因此发电企业就属多产品生产，同时提供电能量、电容量和辅助服务。

发电企业存在范围经济主要有两个原因：①公用性资产的投入。这种公用性资产包括可以共用的厂房和生产设备、共用的管理部门和技术人员、共用的原材料等,如果由两个企业单独生产,就需要重复投入这些成本,而由一家企业进行联合生产,就可以从成本节约中获得优势。发电企业提供电能量和辅助服务就属于范围经济,发电企业根据机组性能提供相应的辅助服务,就可以避免为专门提供辅助服务而重复投资。②提高资源利用率,节约交易成本。有些企业生产两种产品是为了充分利用其共同的原材料,例如热电联产企业,就是为了提高原材料的利用率,如果单独用于供热或供电,燃料只利用一次,效率较低,而热电联产则可以实现燃料的循环利用,提高效率。而且,联合技术要求供热和供电的生产环节必须联系紧密,如果由两家企业合作生产,就会提高交易成本,一家企业生产就可以低成本地进行协调。①

3. 生产技术差异化

在竞争性市场中,一个行业的生产技术存在趋同现象。例如汽车的生产流程和生产设备基本相同,电脑的生产技术、印刷行业的生产技术等等,各行各业的发展经过长期竞争之后都会形成相对成熟且趋同的生产技术。趋同的原因在于普通行业的生产技术具有较强的替代性,竞争会淘汰落后的生产技术,并使得先进的生产技术得到广泛应用。这一点在制造业尤其明显,例如电脑生产商的生产设备、生产流程,甚至生产车间都大同小异,过去很多加工环节依靠人工,在自动化机器手得到应用后,很快就会普及,这是竞争所致。技术创新在专利保护期内具有竞争力,在专利到期后就会很快得到普及,落后的技术就会遭到淘汰。

然而,生产技术的趋同在电力行业的发电侧并不存在。在核电技术的单位发电成本低于火电机组的情况下,也没有出现火电技术被淘汰的情况。在核电或者火电领域之内,存在生产技术的趋同,技术愈发展愈成熟,制造成本愈低,但在整个发电领域内,趋同现象是不存在的。任

---

① 范围经济的产品定价所面临的关键问题是共用成本的合理分摊,而且生产一种产品的成本依赖于所生产的其他产品的产量。在竞争性市场中,企业通常会根据各种产品的不同需求弹性来定价,以获得最大利润,此时容易产生交叉补贴现象,有失消费公平,有时需要政府来纠正这种交叉补贴。

何一个国家,发电企业的生产技术都以组合的形式存在(即电源组合),即同时存在火电、水电、核电、风电等发电技术。

发电侧生产技术的差异化与多元化主要有两个原因:一是能源稀缺与能源安全。当前发电行业的能源消耗还是以不可再生的矿物燃料为主,煤炭、石油、天然气等都是不可再生的,随着用电需求的日益增加,这些能源的稀缺性愈加明显,如果只依靠某一种能源来发电,必然造成该能源的需求紧张,同时也有能源安全隐患。发展风力、太阳能发电等可再生能源发电技术,也是基于能源安全的考虑,煤油气总有消耗完的时候,在那时到来之前必须发展出成熟的替代技术,所以可再生能源发电的成本目前即使很高,不具备市场竞争力,国家也支持其发展。二是电力行业的系统安全性。电力系统的安全性与发电机组的灵活性正相关,发电机组越能较快地适应电力需求负荷的变化,电力系统就越安全,否则电力系统出现故障的风险越大。发电侧电源组合的多元化恰好提高了发电侧的灵活性,因为受到不同电源生产技术的限制,依靠单一类型电源无法实现供电的灵活变化。例如,核电在短期内调整负荷的成本极高,也存在一定的安全风险;水电的调节能力要受到水库存水量的限制,水量不够再灵活的机组也发不出电来;风电机组的发电情况由自然条件决定,很可能出现需要电时无风可发、有风可发时系统又不需要的现象。因此,只有各电源发电机组结合起来,根据各自的运行特点,在发电侧承担不同的角色,才能适应电力需求的多变,提高电力系统的安全性。

生产技术差异化对价格机制有特殊要求。因为各类型机组在电力系统中承担的角色不同、运行方式不同,获得收入的渠道也不同,必须同时存在电能量市场、电容量市场和辅助服务市场,如果只存在单一的电能量市场,就会对发电企业的市场行为形成扭曲,例如更适合提供辅助服务的机组反而想方设法地去发电,技术更先进、污染更少但成本更高的机组会失去竞争力。这正是我国目前的情况,在电容量市场和辅助服务市场都缺乏的情况下,多元化的电源组合对上网电价的制度设计要求提高了复杂性。

(二) 不同类型发电机组特点

发电厂通常按利用一次能源的类型划分为火电厂、水电厂、核电厂和可再生能源电厂，其中火电厂可进一步分为燃煤电厂和燃气电厂以及少数燃油电厂，可再生能源电厂也可进一步分为风力电厂、太阳能电厂、生物质能电厂等等。利用一次能源的差异（电源差异）决定了发电技术或发电机组设计的差异，从而进一步决定了不同发电机组的成本结构差异，成本结构差异最终将反映在上网电价上。因此，在研究发电侧上网电价形成机制之前，有必要对各不同发电机组的特点和运行方式等进行分析。本书主要从投资特点、运行特点、成本结构和外部性四个角度进行比较。

1. 火电机组

火力发电是指利用煤炭、石油、天然气等燃料的燃烧实现热能向电能的转换，基本原理是利用燃烧这些燃料产生的热能对水进行加热，使水变成高温高压水蒸气，再由水蒸气推动发电机做功发电。火力发电是所有发电方式中历史最久，也是最重要的一种。世界发电史上，化石燃料一直担任发电工业的主要能源，其中又以煤电为主体，截至2016年全国火电装机总量为105388万千瓦，占到全国发电装机总量的64%，其中燃煤机组装机容量为94259万千瓦，占到火电装机容量的89.4%以上。[①]

（1）投资特点。火电机组具有很强的投资灵活性，主要体现在三个方面：一是选址灵活，既可以建在城市的负荷中心，也可以在煤炭生产企业附近建坑口电站，任何可以建水电、核电等电站的地方，都可以建设火电，反之则不然；二是建设周期短，通常火电建设周期为3年，相对其他主要类型的电站如水电、核电等要明显较短，开始建设之后很快就可以实现投产运营；三是复制成本低，火电技术发展成熟，具有标准设计，除了装机容量和机组型号不同，生产流程、厂房建设、设备类型基本一致，使得新建火电站的成本较低。这些灵活性，使得火电厂具有较强的可替代性，为其他类型电站的建设提供了重要参照。

---

① 数据来源：中电联《2016年全国电力工业统计数据》。

（2）运行特点。火电机组的运行特点随着利用能源类型和容量规模的不同而存在较大差异，这种差异主要基于机组运行效率。从电源类型看，燃气机组比燃煤机组灵活性较强，具有启停速度快，突发负荷调整时运行稳定的优点，在燃煤机组和燃气机组并存时，通常由燃煤机组带基荷运行，由燃气机组进行调峰和一些辅助服务。从机组容量来看，大容量机组（60万千瓦以上）通常运行参数高，能源损耗低，具有较强的规模经济性，为了实现大容量机组的经济性，通常应安排大容量机组多发电，即带基荷运行，小容量机组（如60万千瓦以下）则承担调峰任务。[①]

（3）成本结构。火电的发电成本中燃料成本比重较高，通常占到70%左右，因此火电发电成本受燃料价格波动影响较大，其中燃气价格又要高于煤炭价格，使得燃气发电成本明显高于燃煤发电成本。火电的发电成本还受到地理位置和运输成本的影响，如果选址离燃料基地较近，就会节省运输费用，反之选址在离燃料基地较远的负荷中心，不仅要支付燃料运输费用，土地成本也较高。火电的固定成本随着技术成熟而相对较为稳定，但是由于环保要求的增加而有所增加，例如环保政策要求所有煤机安装脱硫脱硝装置，使得机组固定成本有所增加。相比较而言，燃气机组的机组造价高于煤机机组，但具有环保标准较高污染低的优点，燃煤机组虽然安装的脱硫脱硝装置，但环境污染仍然明显，大量外部成本仍未被内部化。

（4）外部性。火电的外部性主要是燃煤机组的环境污染，燃煤会排放出大量的二氧化硫、二氧化碳等气体和灰渣，对环境污染严重，由于我国煤电比重高，使得电力工业成为中国最大的污染排放产业之一。目前的上网电价中并没有充分反映出这些环境污染成本，使得其他成本更高的环保机组在竞争中处于不公平地位，主要的解决办法是将外部成

---

① 对燃煤机组来说，由于小容量机组煤耗高，不利于资源利用效率和环保要求，政府采取"上大压小"政策，鼓励建设大容量煤电机组，关停大量小容量煤电机组，目前的煤电机组基本上只有60万千瓦和100万千瓦两种类型，调峰和辅助服务主要由燃气机组和水电等提供。

本内部化，通常有两种方法：一是征收环境污染税；二是引用先进技术，提高机组的环保标准。[①]

2. 水电机组

水电是目前开发程度最高的可再生能源，我国是世界上水能资源最丰富的国家之一，合理有序开发水电资源，不仅可以优化电源结构，还可以减少化石燃料消耗和温室气体排放，同时具有防洪、灌溉、供水、航运、养殖业和旅游业等综合效益。从我国目前的水电开发现状看，我国虽可算上水电大国，但还未成为水电强国，水资源开发程度还比较低。世界上发达国家的水电开发程度基本上在80%左右，我国到2012年的水电开发程度刚达到50%的水平，相对于发达国家还是有很大差距。

水力发电是指将水资源拦存起来，通过水位落差形成的势能推动发电机运转来进行发电的过程。水电站按照水能来源分为利用河流、湖泊水能的常规水电站；利用负荷低谷电能抽水至上水库，待负荷高峰期再放水至下水库发电的抽水蓄能电站；利用海洋潮汐能发电的潮汐电站和利用海洋波浪能发电的波浪能电站。按照调节能力分为无水库无调节能力的径流式水电站和有水库有调节能力的蓄水式水电站。其中，蓄水式水电站根据库容及蓄水量又细分为多年调节水电站、年调节水电站、周调节水电站和日调节水电站。

（1）投资特点。截至2016年我国水电装机容量为33211万千瓦，占到发电总装机的20.2%，其中抽水蓄能装机容量2669万千瓦，占水电装机容量的8%。[②] 水电投资建设受自然条件的影响较大，建设周期较长，大型水电站从前期考察、项目立项、可行性研究、设计、施工、验收、试运行等环节通常要10~20年。水电站的建设通常要考虑水量、

[①] 天津IGCC电站已经开始了试验项目，IGCC是整体煤气化联合循环发电系统，把洁净的煤气化技术与高效的燃气—蒸汽联合循环发电系统结合起来，既提高了发电效率，又有较好的环保性能，"脱硫效率要达到98%，脱氮率达到90%，粉尘排放量几乎为零，二氧化碳排放量为原来的1/4"。高全娥. 整体煤气化联合循环（IGCC）发电技术探讨［J］. 能源与节能，2012（12）.

[②] 数据来源：中电联《2016年全国电力工业统计数据》。

库容、坝体的设计和建设成本、还有资源环境的影响以及库区移民等问题，因此可以说，每一座水电站都是独一无二的，尤其是坝体和发电机的设计。由此，相对于火电来说，水电的可替代性最差，每座水电站的建设成本也存在较大差异。

（2）运行方式。水电的最大优点在于较强的可调节性，水轮机启停灵活，出力可变幅度较大，是理想的调峰、调频和事故备用电源。因此，水电站在发电侧主要承担调峰任务和辅助服务（尤其抽水蓄能电站只承担短时间的系统尖峰负荷），只有在丰水期水量充沛的情况下带基荷运行，否则就会因库容限制而被迫弃水，造成资源浪费，除此之外还承担防洪防汛的社会任务，在汛期蓄水防洪。所以水电站提供的产品不仅是电能量，还有容量备用、调频调压、无功吸收、黑启动等辅助服务和社会安全等公共服务。

（3）成本结构。一般水电厂在发电过程中无燃料成本，可以节约大量变动成本，从而发电成本中固定成本比重较高，但由于使用年限长而使得单位发电成本较低。然而抽水蓄能电站的成本结构却有所不同，抽水蓄能电站单位发电成本固定成本相对其他大型水电站而言较低，变动成本因抽水动力费用的存在而相对较高。

（4）外部性。相对火电而言，水电作为清洁能源具有零排放的环保优势，但也存在其他环境保护问题，大型水电站的建设会对局部生态环境如河流水质、鱼类保护等产生影响，发达国家水电开发经历了从无序开发到注重生态环境的保护与恢复，甚至出现了反坝运动，[①] 目前水

[①] 水电开发过程中始终要处理好资源开发与环境保护问题，美国从20世纪70年代开始大力研究水电开发对环境的影响，环境保护、水坝安全和社会经济综合评价在其后20多年里一直影响着美国水电的发展，一方面使得设计和建造的新坝数量大幅度减少；另一方面在役水坝也面临着十分严格的环保要求的审核。也正是从这时开始，美国境内有越来越多的水坝陆续被拆除，这一时期被国内媒体宣传为"反坝运动"，以引起我国水电建设过程中对环境保护问题的重视。有学者后来考察发现，美国经历了反坝运动和建坝工程共生的百年历史，在争议中完成了几万座水坝的建设；美国近些年所拆的几百座水坝全部是废坝、弃坝、病险坝，绝大多数与水电无关，有影响的大坝没有一座被人为拆除；而且尽管美国的水电资源开发度已达到70%，但其并未完全停止水电开发。

电站的建设都要重点评估资源环境的影响。

3. 核电机组

核能发电即是利用核能转化为电能的过程,其与火电发电过程相同,均是热能——机械能——电能的能量转换过程,不同之处在于热源。火电是通过化石燃料的燃烧产生热量,核电站则通过核燃料链式裂变反应产生热量。核能分为核裂变能和核聚变能,核裂变能是通过重原子核裂变释放出的能量,核聚变能是由两个氢原子核结合在一起释放出的能量,到目前为止,达到工业应用规模的只有核裂变能,核聚变能只实现了军用,未实现工业化应用,因此目前核能发电通常都是通过核裂变能进行发电。我国核电建设已经进入稳定发展时期,但装机比重仍然较低,截至2017年,我国核电装机总量达到3582万千瓦,只占到全国发电总装机容量的2%。[①]

(1) 投资特点。核电投资与火电投资的最大不同在于核电厂的放射性,为了确保放射性燃料的安全性,需要采取常规工业建设中罕见的安全标准与安全措施,使得核电投资的灵活性不如火电。一方面投资比火电厂要大很多,建设周期也较长,建设周期通常为5~10年;另一方面考虑其安全性能,通常选址在人口较为稀少的地区。

(2) 运行特点。核能机组具有容量大(单机容量高达100万千瓦以上)、发电波动性小和运行小时数高的特点,在发电侧主要承载用电需求的基本负荷,即一般带基荷运行,年运行小时数能达到7000小时以上。带基荷运行一方面是技术原因,存在短时间内大幅调整出力负荷的困难;另一方面是出于经济性的考虑,核电投资巨大,装机容量高,在较高运行效率的情况下能获得更高的经济性。为了维持核电机组的稳定运行,通常需要其他调节性能好的机组(如抽水蓄能)与之配合,在用电高峰时增加出力,增加发电量,在用电低谷时抽水以吸纳核电机组的多余电量。

---

① 数据来源:中电联《2017年全国电力工业统计数据》。

(3) 成本结构。核电机组发电的变动成本较低，因为燃料费用比重较小，且运输和储存较为方便，"一座 100 万千瓦的核能电厂一年只需 30 吨铀燃料，一航次的飞机就可以完成运送"①，燃料价格也较为稳定，不受经济形势等因素影响。然而，核电机组的固定成本比重较高，其中又以财务费用为最高，核电投资大、建设周期长、贴现期长，使得建设成本能达到 50% 以上，且受贴现率影响明显，贴现率越高，建设成本的比重越高，若贴现率达到 10%，建设成本比重就会高达 70%。

(4) 外部性。核电是清洁能源，不产生二氧化碳和氮氧化物排放，也没有灰尘的释放，具有很明显的环保效益。但是核电也存在负外部性，主要来自两个方面：一方面是核电厂热效率较低，会比一般化石燃料电厂排放更多的废热，从而核电厂存在较为严重的热污染；另一方面是核辐射的威胁，如果发生核泄漏事故会对周围的生态环境和民众健康造成伤害。②

4. 可再生能源机组

可再生能源发电主要包括风力发电、太阳能发电、生物质发电等，可再生能源发电由于技术尚未成熟，大部分处于试验阶段，在发电机组中的比重较小。截至 2011 年年底，我国并网可再生能源装机容量 5409 万千瓦，约占全部发电装机容量的 5.1%，其中又以风力发电为主体，

---

① 彭文兵. 电力发展与投融资——基于可再生能源投资的视角 [M]. 上海：上海财经大学出版社，2009：161.
② 1986 年 4 月 26 日前苏联切尔诺贝利核电站发生大爆炸，其放射性云团直抵西欧，造成约八千人死于辐射导致的各种疾病。爆炸最终导致 20 多万平方公里的土地受到污染，今天的乌克兰、俄罗斯和白俄罗斯受到的核污染最严重。在日后长达半个世纪的时间里，10 公里范围内将不能耕作、放牧；10 年内 100 公里范围内被禁止生产牛奶。切尔诺贝利核事故所泄漏的放射性粉尘有 70% 飘落在白俄罗斯境内。事故发生初期，白俄罗斯大部分公民都受到不同程度的核辐射，6000 平方公里土地无法使用，400 多个居民点成为无人区，政府不得不关闭了 600 多所学校，300 多个企业以及 54 个大型农业联合体。20 世纪 70—80 年代，世界核电发展曾因核电站事故一度处于停滞阶段。

并网风电装机容量约占并网可再生能源装机总量的85.5%。[①] 近年来在相关政策措施推动下，我国可再生能源发展迅猛，2016年我国可再生能源装机容量（含水电）达到56400万千瓦，位居世界第一，排名世界第二的美国只有22500万千瓦，不含水电可再生能源装机容量达到25800万千瓦，比美国的14500万千瓦高出11000万千瓦。[②] 国家能源局新能源和可再生能源司副司长李创军在第二届中国·德令哈光热大会上表示，我国可再生能源装机容量近6亿千瓦，占全国总发电装机的35.1%，如表2-2所示。风力发电是利用风力推动风机叶片转动进而带动发电机做功发电的技术。太阳能发电分为光伏发电和热发电两种，前者为直接光发电，利用光照时不均匀半导体或半导体与金属结合的不同部位产生电位差而形成电能；后者为间接光发电，将收集太阳能转变为热能，再由热能转换成电能。生物质发电是指通过燃烧生物燃料发电，主要分为秸秆燃烧和垃圾燃烧，通过燃烧产生的蒸汽推动发电机做功发电，作用原理同火电相同。

表2-2　　　　　　2016年可再生能源装机容量排名前6国家

单位：万千瓦

技术类型	中国	美国	德国	日本	印度	意大利
可再生能源装机容量（含水电）	56400	22500	10400	7300	9400	5200
可再生能源装机容量（不含水电）	25800	14500	9800	5100	4600	3300
水　电	30500	8000	560	2300	4700	1850
风　电	16900	8200	5000	320	2900	930
光伏发电	7700	4100	4100	4300	910	1930

---

① 国网能源研究院．中国可再生能源发电分析报告（2012）[M]．北京：中国电力出版社，2012：1．

② 数据来源：2016年可再生能源装机容量排名前6国家统计[N]．中图环球能源报，2017-09-06．

续表

技术类型	中国	美国	德国	日本	印度	意大利
生物质能发电	1200	1680	760	410	830	410
地热能发电	~0	360	~0	50	0	80
海洋能发电	~0	~0	0	0	0	0

数据来源：2016年可再生能源装机容量排名前6国家统计[N]．中图环球能源报，2017-09-06．

（1）投资特点。可再生能源发电厂投资具有单位投资成本高、建设周期短、受自然条件制约的特点。就风电和太阳能电厂来说，2011年我国陆上风电单位投资成本为8000~9000元/千瓦，海上风电单位投资成本为1.4~1.9万元/千瓦，光伏电站单位投资成本为1.2~1.8万元/千瓦，[1] 技术不成熟、单位投资成本高成为可再生能源发电大规模应用的主要障碍之一。可再生能源机组建设周期较短，风电机组1~2年内即可建成投产，但是电厂建设受自然条件影响较大，风电和太阳能电厂通常只能选择在风大光强且持续性强的地方，如高海拔的平原或海上。生物质发电厂也因存在燃烧垃圾或秸秆产生的有毒气体的处理问题，不宜建设在负荷中心或离居民区较近的区域。

（2）运行特点。风电和太阳能发电由于受到自然条件的影响，具有运行不稳定的特点。以风电为例，只有刮风且风力达到一定等级时才可以发电，而且风力和风向瞬息万变，随机性较强，由于一般夜间风力较白天要强，经常存在白天需要电力时无风可发、夜间不需要电力时又大量发电，只能调整其他机组如火电机组出力负荷，否则就会造成弃风现象。太阳能发电机组由于受到光照的自然条件变化以及夜晚无光照的限制，同样存在发电不稳定的问题。因此，风电机组和太阳能机组既无法承担基荷运行，也无法参与系统调峰和提供辅助服务，相反，为了保证电力系统的平衡稳定，还需要其他机组为其提供调峰

---

[1] 国网能源研究院．中国可再生能源发电分析报告（2012）[M]．北京：中国电力出版社，2012：2．

和辅助服务，增加系统成本。

（3）成本结构。风电和太阳能发电没有燃料费，生物质发电的燃料费用是秸秆和垃圾的购买及运输费用，远低于煤炭、天然气等化石燃料的使用成本，故可再生能源发电的变动成本很低，发电成本以固定成本为主，比重最大的是折旧费和维修费。

（4）外部性。可再生能源发电具有较强的环保优势，也是可再生能源发电获得政府支持的主要原因之一，化石燃料最终会消耗殆尽，可再生能源发电具有大规模发展的前景，如图2-4、图2-5所示。从环境污染来看，风电和太阳能发电不排放任何废气和灰尘，实现污染气体的零排放，不足之处在于机组建设可能对土壤生态造成一定影响，但相对其他发电机组环保优势已经很明显。生物质发电属于废弃垃圾的再利用，实现了变废为宝，秸秆燃烧的副产物灰分含有丰富的营养成分（如钾、镁、磷和钙），可用作高效农业肥料。因此，相对于发电主体火电机组来说，可再生能源发电具有较强的正外部性，这种社会收益应在上网电价中予以体现。

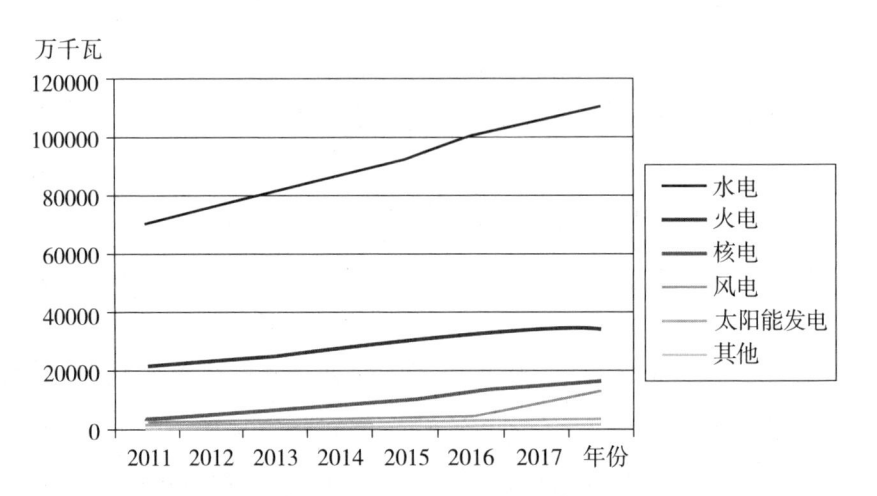

图 2-4　2010—2017 年各电源机组装机容量

数据来源：根据中电联《全国电力工业统计》（2010—2017）数据整理。

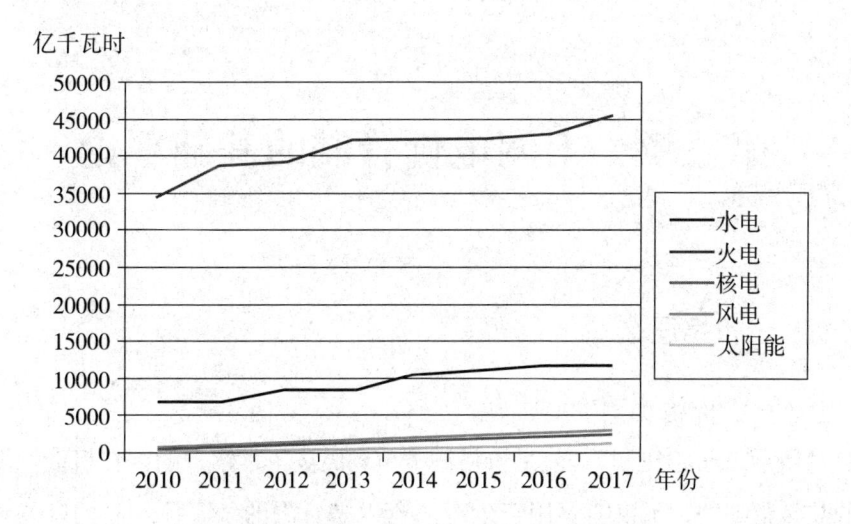

图 2-5 2010-2017 年各电源机组发电量

数据来源：根据中电联《全国电力工业统计》（2010—2017）数据整理。

第三章　上网电价管制的基础理论

一、价格理论

(一) 价格机制

所谓"价格机制",就是价格调节市场经济正常运行的内在机能。资源总是稀缺的,不仅能够用于生产的资源是有限的,而且人们拥有的财富是有限的,所以不论是生产者还是消费者,都存在如何用有限资源获得最大收益的决策选择问题。引导市场主体决策的最重要的信号,就是价格。因此,价格是调节资源配置的核心机制。具体表现在以下三个方面:

(1) 调节生产。企业根据市场价格来决定是否生产以及生产多少,只要价格达到预期目标,生产就会进行,如果价格继续上涨,产量就会增加。对于发电企业,电价越高发电积极性就越高,电价较低时,如果机组达到较高运行小时数使得发电成本低于电价,企业仍能盈利,发电积极性仍有一定提高,但如果即使运行小时数提高也面临亏损,企业就不愿继续发电。

(2) 调节需求。消费者的消费决策取决于价格与效用的关系,只要价格不超过消费该产品所带来的效用,消费者就会消费,价格越低,消费量也随之增加。价格也调节着产品在消费者中的分配,面对既定的价格,哪些消费者消费得多一些,哪些消费者消费得少一些,在消费者各自作出决策的同时也就实现了产品的合理分配。发电企业面对的直接需求者是电网企业,在销售电价既定的情况下,电网自然是愿意购买价格较低的电,西方国家电力库模式下的竞价上网也遵循价低者优先调用的原则。

（3）调节投资。产品价格与行业长期平均成本的关系调节着社会资本的流向，资本总是从低收益处向高收益处流动，如果上网电价长期高于发电行业长期平均成本，超额利润就会吸引新的投资进入，在位企业也会新增投资扩大生产规模，如果投资煤电厂比气电厂更赚钱，资本就会更多地投入到煤电厂，最终的结果是各发电企业的投资回报率大致相等。

（二）价格形成机制

"价格形成机制"是指影响价格及其变动的各个要素及其相互关系。在竞争性市场中，产品价格的变化受供求关系影响，供不应求时价格上升，供过于求时价格下降，供求相等时则形成均衡价格。均衡价格分为短期均衡价格和长期均衡价格。短期与长期划分的标准，是根据企业调整生产要素的难易程度。在短期，一些固定成本如厂房、设备等是无法调整的，这些成本不论是否生产都已存在，企业只能在既定的固定成本基础上调节生产和产出；在长期，企业则可以调整所有生产要素，不再有固定成本和变动成本的划分，企业可以调整生产规模和各种生产要素的比例，以实现最优生产方式。

1. 短期均衡价格由需求主导

在短期，企业的生产能力受制于固定生产要素的调整能力，产量增加空间有限，所以供给在短期供求关系中处于被动地位，主导短期均衡价格的是需求。相对一般制造业来说，发电企业建设周期较长，在短期内的企业数量是固定的，总发电量或者说总供给也是固定的，需求超过了总发电容量时，价格即使再高也无法增加产出，此时市场均衡价格就只由需求主导。

需求在短期均衡价格中的主导作用，在西方短期电能量现货市场中有着明显体现，英格兰和威尔士的电力库买入价格在一天之内的波动幅度达到4倍，原因就在于当天的电力供应受制于生产要素和合同契约而相对稳定，现货价格完全由需求决定。也正因如此，在竞争性电力市场中并不存在电力短缺的情况，供不应求时价格自然会上涨，部分消费者会因价格上涨而减少消费，直至价格涨到需求与供给相等。如图 3-1 所示，欧盟 EEX 交易所 EPEX 现货每日基荷和峰荷电量的价格走势（以 2012-10-2—2013-10-1 为例），可见短期价格由需求主导而波动明显。图中的基荷价格甚至出现了"负价格"，说明此时的价格完全由需求决定，在消费侧不需要这些电能的时候，电能严重供大于求，为了避免负荷调整导致的大量成本支出，基荷电厂甚至倒贴钱鼓励用电，只要倒贴费用不大于负荷调整造成的成本支出，对发电厂商来说就是划算的。但是在大部分国家，政府通常不允许负价格的出现。

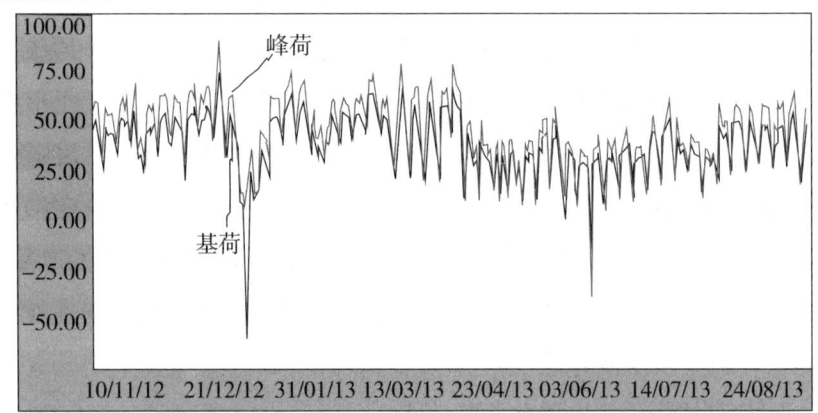

图 3-1 欧盟 EEX 交易所 EPEX 现货每日基荷和峰荷价格

资料来源：http://www.eex.com/.

2. 长期均衡价格由成本决定

无论短期均衡价格如何变化，从长期看，价格必然趋于成本，准确地说是长期边际成本。因为从长期看，企业可以调整任何生产要素，包括厂房、设备等固定投资，以实现对生产要素的最优配置。长期均衡价格为什么由成本来决定，主要出于以下两个原因：

第一，市场竞争会刺激资本的进出。由于长期中企业可以调整所有的生产要素，如果价格长期高于行业长期边际成本，超额利润会吸引新的企业进入或者在位企业扩大投资增加产能，供给的增加会使得价格回落到成本水平，如果价格长期低于行业长期边际成本，一部分企业就会因亏损无法为继而退出市场，供给的减少会使得价格上升到成本水平。所以，在竞争充分的情况下，长期均衡价格必然趋于成本。

第二，需求终归要以支付能力为基础。成本低的产品，社会需求就大一些，从而能够实现大规模生产和消费，进而形成一个产品市场；成本高的产品，社会需求就小一些，生产和消费就都无法形成市场规模。为何风、光、生物质等可再生能源发电技术得不到大规模应用？原因就在于这些技术还不成熟，成本太高，就整个社会来说还不具备大规模消费可再生能源发电的支付能力。因此，一种产品是否形成消费、消费多少，归根结底取决于生产该产品的成本，只要价格能反映产品的合理成本（包括环境、资源等外部成本），消费量就会自动调整到合理的水平。

因此，上网电价的形成和变化体现着成本与需求关系的平衡，政府定价亦要尊重市场规律，最大限度地模拟市场结果。一方面，发电价格要体现市场需求的价值，包括用电用户的需求、电网的需求和整个电力系统的需求；另一方面，发电价格要接近行业的长期边际成本，既要保证发电企业的正常运营，也要维持行业的长期投资。

（三）上网电价体系

电价体系是一系列不同类别电力产品价格种类的总和。电力价格按照电力产业各环节可以分为发电价格（上网电价）、输电价格、配电价格和销售价格。其中，上网电价按照电力产品细分的种类，可以分为电量价格、容量价格和辅助服务价格；[①] 按照价格结构的设计划分，又可以分为单一价格和差别价格，单一价格即统一定价，差别价格则根据生产成本形成特点不同而进行差异化定价，包括峰谷价格、丰枯价格和两部制价格等。销售电价按照购买数量的不同，可以分为趸售电价（即批发电价）和零售电价，按照用户类型和电压级别的不同，又可以分为工商业用户电价、大工业用户电价和居民电价。

[①] 我国由于输配售一体化，则只有上网电价和销售电价，上网电价也是以单一电量制为主，只有电量价格，但电量价格中包含了部分容量价格和辅助服务价格。

在竞争性电力市场下，发电企业的电力产品已经被深度细分。按照交易市场的分类，分为电能量市场和辅助服务市场。电能量市场又分为现货市场和期货市场，其中现货市场中的电能量不仅细分为基荷电量、腰荷电量、峰荷电量等，而且根据交易时段进一步细分为每个时段的电能量，每个时段的电能量独自竞价决定价格（如表3-1所示为欧洲部分现货电力交易所或现货市场中交易的电能量产品类型）；期货市场中电能量也将基荷电量和峰荷电量按照合同周期进行了细分，包括星期、月度、季度、季节、年度的基荷和峰荷电量。

表3-1　欧洲部分现货电力交易所或现货市场中交易的电能量产品类型

电力交易所/市场名称	交易品种
欧盟 EEX 能源交易所 EPEX 现货市场（范围：法、德、奥地利和瑞士）	次日每小时报价（规定范围：-3000~3000欧元/兆瓦时） 基荷（1~24点） 峰荷（9~20点） 夜间（1~6点） 早晨（7~10点） 正午（11~14点） 下午（15~18点） 晚高峰（17~20点） 谷段1（1~8点） 谷段2（21~24点） 商务（9~16点） 午夜（1~4点） 黎明（5~8点） 上午（9~12点） 早下午（13~16点） 低谷（1~8点和21~24点） 午高峰（11~16点）
北欧 Nordpoolspot 现货电力交易所（范围：挪威、瑞典、丹麦和芬兰）	每小时报价 连续时间段报价（市场成员自由决定起、止时间的长度）

资料来源：上述电力交易所网站。

辅助服务也被进一步细分为调频、调压、备用和黑启动等产品种类。其中，备用按照对不同情况的反应速度要求又被细分为一级备用、二级备用和紧急备用。① 一级备用要求设备在几秒钟内迅速增加产出以弥补发电量的突然损耗；二级备用要求在2~10分钟内能够捕捉到频率偏移并发出电量；紧急备用（偶然备用）只要求设备在半小时到一小时的正常启动来提供电力。

产品被细分意味着发电行业社会分工的细化，各发电企业根据机组的性能和优势特点选择最优决策，同时市场竞争也体现了"优质优价"的原则，产品价格真实反映了产品价值和市场供需关系，从而有利于优化发电行业的资源配置，进而实现整个电力系统的效率最优化。

（四）上网电价的合理标准

判断上网电价是否合理的标准主要有两个维度，即效率维度和公平维度。效率维度关注的是价格设计是否有利于发电企业稳定运营和电力产业可持续发展，公平维度关注的是价格是否损害了企业或者消费者的利益，以及电价的各个部分是否由正确的人负担。

上网电价设计的效率维度主要表现在以下三个方面：

第一，电价水平接近长期边际成本。在完全竞争市场条件下，产品价格必然趋向边际成本，因为超过边际成本的超额利润会刺激新企业的进入，从而使价格下降至行业边际成本，否则就意味着在为企业有市场势力将价格提到边际成本以上，造成福利损失。因此，一个行业的市场竞争程度越高，产品价格就会越接近于边际成本，该情况下产品产量最高、价格最低。由于电力行业具有较强的规模经济性，所以电价水平只能接近包括固定成本在内的长期边际成本，而不是短期边际成本，否则就会造成企业亏损。

第二，能够引导行业的长期投资。合理的价格还应该能够维持该行

---

① 资料来源：（美）巴里·穆雷．电力市场经济学——能源成本、交易和排放 [M]．上海：上海财经大学出版社，2013：156.

业的长期投资，这意味着价格必须让生产者回收成本并获得利润，若现行价格让企业长期亏损，必然导致投资萎缩。上述价格接近长期边际成本就已满足此条件，因为西方经济学中的成本是包括正常利润在内的经济成本。

第三，能够实现系统整体最优化。电力系统的最优运行需要不同类型发电机组的高度协调和合作，合理的价格应该引导各类型机组在电力系统中根据自身特性和优势来运行，并能够获得公平合理且大致相等的回报，尽量避免对发电机组行为的扭曲，进而实现整个系统成本最小化。

上网电价设计的公平维度主要体现在电力生产成本的最终归宿，即最终由谁来买单。基本原则是责任者承担和受益者支付。之所以要在终端用户上体现公平性，一方面是因为用户的负荷特性不同，即用户间的用电方式不同，例如居民的照明用电是间歇性的，工业企业的用电是比较均匀的，有的用户只在系统负荷高峰时用电，有的用户则在系统负荷低谷时用电，这种差异性意味着每种类型用户用电的生产成本是不同的，进而应该支付不同的价格。另一方面是因为用户的电压等级不同，有些用户是高压用电，有些用户是低压用电。用户的负荷特性或电压等级不同，对电力系统成本的影响也就明显不同。如果不对用户分类并执行不同的价格，则不仅有失公平，也无法对消费进行有效的调节，使电力系统供求平衡面临困难，降低了整个系统的安全系数和效率水平。

二、产业组织理论

(一) 电力产业组织类型

现代产业组织理论认为，产业的绩效依赖于企业的行为，而企业的行为又依赖于市场结构。具体地说，一个产业的市场结构（如供给者和需求者的数量、新企业的进入壁垒、纵向一体化程度等）决定了企业行为（包括定价行为、投资策略、产品研发、兼并收购等），而企的行为决定了该产业的最终绩效（如生产效率、配置效率、产品质量、技术进步等）。对于电力产业，市场中的企业主体通常由四类组成，即发电企业、输电企业、配电企业和售电企业。电力产业组织类型就是指电力市场中发、输、配、售四类企业主体之间的关系。按照产业纵向一体化的程度，可以把电力产业组织划分为完全纵向一体化、部分纵向一体化和完全分离的竞争性结构三种，不同的组织结构决定了电力市场效率的差异。

1. 完全纵向一体化

完全纵向一体化是电力公司集发电、输电、配电、售电于一身，实行垄断经营，同时接受政府部门的管制。完全一体化是电力产业的传统形式，世界各国的电力工业初期基本都采取这一形式。该组织结构下，发电企业隶属于输电网，不仅其运行出力、调度安排等日常运营完全听从电网命令，而且在财务上也和电网统一核算，没有独立性。垄断的电力公司既可以是国有的，如我国和英国的电力工业初期，也可以是私有的，如美国。

完全纵向一体化将发输配售各环节之间的交易内部化，企业内的行政命令代替了市场交易，在电力工业初期，完全纵向一体化因可以获得较高的规模效益和整体效益而受到推崇。但是该组织结构存在明显的弊端，如果政府价格监管不力，就会产生低效率。一方面是垄断企业没有直接竞争者，可以凭借垄断势力获得稳定收入，从而缺乏降低成本的积极性，即使政府把价格定得很低，也容易陷入低价格低质量低服务的恶性循环；另一方面是由于信息不对称，政府监管存在困难，难以获得企业生产成本的准确信息。就上网电价来说，在该组织结构下，发电企业作为垄断电力公司中的一个部门或车间运行，属企业内部分工，并不存在上网电价问题，即使为了财务需要而存在所谓"价格"，也只是作为会计成本计入，并不反映任何价值信息和市场信息。

2. 部分纵向一体化

部分纵向一体化是指发电、输电、配电、售电中的任意两个或三个连续阶段由一家企业完成。如图3-2所示，部分纵向一体化包括发输一体化、输配一体化、配售一体化、发输配一体化和输配售一体化五种类型。

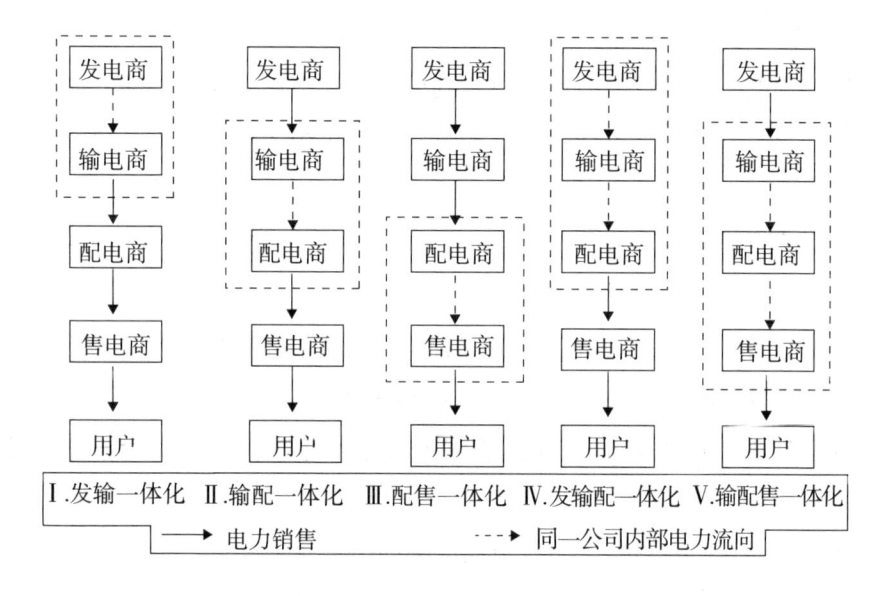

图3-2 电力产业部分纵向一体化的不同类型

以上五类部分纵向一体化的组织类型中，发输一体化、发输配一体化、输配售一体化一般是作为电力产业改革的过渡形式，因为前两种结构属于单一卖方结构，后一种属于单一买方结构，均无法实现有效市场竞争。竞争性市场的前提条件之一就是具有多买方主体和多卖方主体，买卖双方在市场竞争中发现价格，如果是单一买方或单一卖方，那么具有垄断权力的一方就可以操纵价格，制约竞争。

实现电力市场化并非一定要采取完全分离的组织结构，部分纵向一体化中的配售一体化就已经实现了竞争性的电力市场。配售一体化的产业结构就是通常所说的批发竞争电力市场，各个配电公司承担电力批发商的角色。在批发竞争电力市场中，发电企业和配电公司从原来的纵向一体化结构中分离出来，实现竞争，二者双边谈判确定交易价格（双边市场）或者到中介机构进行报价竞争（单边电力库），输电网络仍然保持垄断运营,向所有发电企业实行公开接入,依据一定的收费标准收取输电费用。此时,上网电价已经实现了市场定价,但由于配售依然一体化垄断运营,配电公司向所在区域的终端用户依然实行垄断配电,故配电价格依然要受到政府价格管制。配售实行一体化可能主要基于两个方面原因,一方面是因为售电服务本来就是配电服务的一部分,政府从电力系统安全性和协调性角度考虑,认为没有进一步拆分的必要;另一方面是因为继续拆分需要更复杂的交易制度设计,而且发输配拆分后电力市场化格局已经形成,进一步拆分能够获得的效率提高有限。[①]

3. 完全分离的竞争性结构

发输配售四环节全部分离、由不同企业经营的产业结构是完全分离的竞争性结构,该结构也就是通常所说的零售竞争模式。零售竞争模式比批发竞争模式更进一步,被认为是电力市场化改革的最终目标。在发输配分离、配售一体化结构下,配电公司作为电力批发商参与市场交易,建立了输电网络的批发竞争市场,从而实现上网电价的市场定价。在发输配售完全分离的情况下,允许所有的终端用户自由选择零售商,从而形成了配电网络的零售竞争市场,实现终端电价的市场定价,进一步增加了电力市场的竞争程度,如图3-3所示。

(二)电力产业组织形式的决定因素

对于上述各种电力产业组织形式,并非竞争性结构一定优于一体化垄断结构,关键要看是否适合本国国情和电力工业发展情况,而且在电力体制改革过程中,竞争性结构与一体化垄断结构也并非简单的线性替代关系。主要体现在两个方面:一是在许多国家热衷于电力市场化改革的同时,依然有许多国家或地区坚持传统的一体化垄断结构,即使在美国,不同的州也是竞争性电力结构和垂直一体化结构并存;二是在电力

---

① 根据Joskow(2000)的估计,总的零售服务成本只占零售收入的3.3%~4.7%,即使可以将其减半,也只不过实现2.4%的节约,因为太少所以根本不被人注意。杜立民. 电力竞争与我国电力产业市场化改革[M]. 杭州:浙江大学出版社,2010:14.

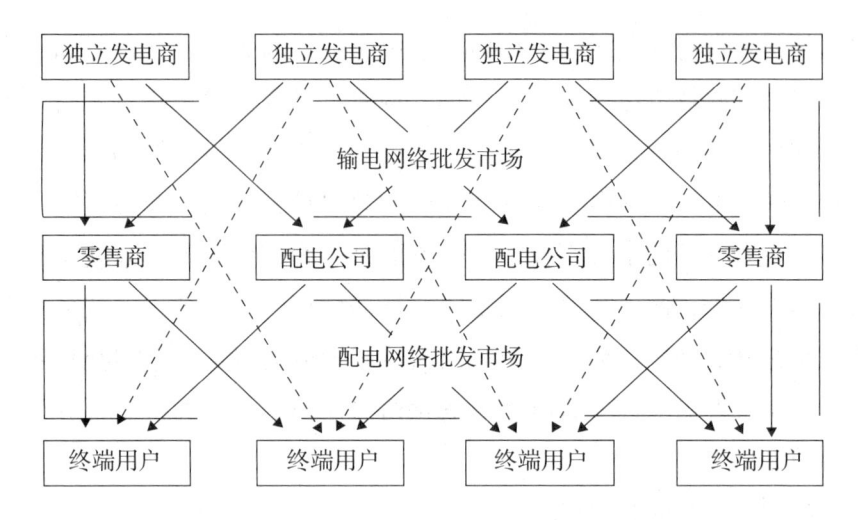

图 3-3 完全分离的电力零售竞争市场

市场化改革遇到挫折时，一些国家选择暂缓甚至放弃改革，呈现出过渡时期较长甚至重回纵向一体化结构。那么，电力产业组织形式的决定因素是什么呢？本书认为主要基于两种成本——交易成本和生产成本。

1. 交易成本

交易成本是指通过市场价格机制组织生产的成本或费用，就是所有发现相对价格的成本，交易成本与生产成本相对，前者表示"人—人"关系成本，后者表示"人—然"关系成本。科斯（1937）认为，企业生产的边界是由交易成本决定的。企业在选择纵向一体化生产还是市场购买的决策中，主要是比较自己生产的成本与市场交易成本的大小。如果自己生产成本较低，企业就会选择并购等方式自己组织生产，即纵向一体化生产；如果通过市场交易购买的成本较低，企业就会选择从市场购买。在两种成本相等时，企业就不再有并购或分拆的动机，组织结构就趋于稳定，也就确定了企业和市场的边界。因此，企业纵向一体化的动机主要是节约交易成本。威廉姆森（1985）指出，交易费用的节约是造成一体化决策的主要因素。具体来说，纵向一体化能够减少的交易成本主要体现在以下三个方面：

（1）信息成本。市场上的信息是不完全的，企业在进行交易之前需要掌握买家或卖家的信息,以及产品的成本信息和质量信息等,而要准确获得这些信息就需要支付成本,包括人力成本和技术成本,如果企业在市场交易中面临的成本过大,可能就会选择自己生产来解决巨大的信息成本问题。

(2) 协调成本。电力的生产、传输和销售等环节之间存在着彼此间的协调问题,在纵向分离的产业组织下,协调问题通过市场行为来实现,需要付出谈判成本、沟通成本等,在纵向一体化的产业组织下,协调问题就通过内部的行政命令来实现,既简单又高效。电力不可储存的特性使得电力行业的协调性尤为重要,协调成本低也是许多国家倾向于采取纵向一体化组织结构的重要原因。

(3) 风险成本。市场是有风险的,例如上游产品价格变化、产量波动等,虽然可以通过签订合同来规避一些市场风险,但是当只有唯一买方或唯一卖方时,企业在市场中就处于相对弱势地位,只能被动服从对方。较强的资产专用性也对企业的事前投资、事后调整都会产生不利影响,增加交易成本。因此,纵向一体化就可以将市场风险内部化,以保障产业链各环节的生产与供给。

2. 生产成本

企业生产成本的结构和大小也会影响到产业组织形式,这主要体现在规模经济和范围经济两个方面。

(1) 规模经济。规模经济是指长期平均生产成本随产量增加而减少,也就是说,企业在产出达到一定规模之后,才能以最低成本进行生产。存在规模经济的主要原因是,存在大量的不随产出水平变化的固定资本,产出越大,每单位分担的固定成本份额越小,从而使得长期平均成本较为陡峭,随着产出增加而呈现出较快的下降。规模经济与竞争之间存在着彼此消长的关系,即规模经济越明显的行业,竞争程度越低。规模经济之所以限制了竞争,是因为单位产品成本最低时的最小最佳规模占市场规模比重很大,市场所能容纳的企业数量有限,该行业集中度就会较高。极端情况下,如果一个企业在所有产出水平上都拥有规模经济，那么以一个企业生产整个产业的产出就是有效的，就形成了自然垄断。[①] 20世纪70年代以前，通常认为电力产业具有较强的规模经济，一体化垄断经营是较为普遍的产业组织形式。

（2）范围经济。当两种产品同时生产（联合生产）比单独生产的成本更低时，就存在范围经济。纵向一体化的组织结构也体现了范围经济，因为产业链上的不同产品由一家企业进行生产而不是分开独立生产。上一章已经阐述过，范围经济的获得一方面源自公用性资产的使用，包括可以共用的厂房和生产设备、共用的管理部门和技术人员、共用的原材料等，如果由两个企业单独生产，就需要重复投入这些成本；另一方面源自交易成本的节约，纵向一体化由于行政命令的沟通方式可以减少许多沟通成本和协调成本。因此由一家企业进行联合生产，可以从成本节约中获得范围经济优势。

（三）电力产业组织变迁与转轨

既然电力产业具有纵向一体化垄断经营的"先天优势"，为何在20世纪70年代以后，许多国家纷纷分拆电力产业，打破垄断，进行市场化改革呢？一定是垄断经营的效率损失超过了纵向一体化带来的成本节约，或者说，打破一体化垄断经营带来的效率提高超过了纵向一体化带来的成本节约。

1. 推动电力市场化改革的三大因素

电力产业市场化改革主要受以下三大因素的驱动：

（1）纵向一体化的交易成本节约弱化。纵向一体化的目的是节约交易费用，但如果交易费用明显下降，使得这种节约微不足道，纵向一

[①] 由此看出，产业组织结构是由企业成本特性和市场规模共同决定，取决于市场需求曲线与平均成本曲线的相对位置。在发电企业成本函数既定的情况下（即发电成本的规模经济程度不变），产业结构还受到市场规模（需求状况）的影响。如果市场规模较小，需求曲线与平均成本最低点的左边相交，那么整个市场规模都具有规模经济性，一体化垄断经营就会维持；如果市场规模不断增大，需求曲线右移到与平均成本最低点的右边相交，此时平均成本曲线上升，不再具有规模经济性，平均成本上升到弱增性消失时，放松规制引入竞争就是合适的。

体化的动力便会大大减弱。有两个因素导致了纵向一体化交易成本节约的弱化。

第一种因素是技术进步。计算机技术和通信系统在电力计量、费用结算、质量控制、负荷管理等方面得到广泛应用,极大提高了电力市场运行的信息交换效率,从而降低了通过统一市场平台进行电能交易的交易成本,使得包含多个中间商和多种交易的日前和实时电力市场成为可能。如果信息成本和协调成本能够有效降低,那么纵向一体化所获得的交易成本节约就明显弱化了,纵向一体化的经济性和必要性均不存在了。

第二种因素是交易规则。交易规则的优化可以提高交易效率、降低交易风险。为了降低电力市场交易风险,设计了各种层次的交易规则,包括实物交易市场、金融交易市场。其中实物交易市场又分为电能量市场、辅助服务市场和输电权市场,并且按照交易时间进一步细分为现货市场和远期市场、日前市场和实时市场等。电力金融交易市场又分为期货交易、期权交易、互换交易等。这些交易规则的建立,使得电力商品得到细化,更有效地发现电力价格,更重要的是能够帮助市场交易者规避市场风险,有效降低了交易费用。以上两种因素导致的交易成本下降,使得电力产业纵向一体化所获得的交易成本节约不再明显,交易成本也不再构成纵向一体化的主要理由。

(2) 自然垄断范围缩小。电力体制改革的启动还归因于对电力行业自然垄断性质的重新认识,使得电力行业的自然垄断领域最终只限定在了输配网络领域,从而促进了发电领域、售电领域与输配网络的分离。依然存在两个方面的因素促进了电力行业自然垄断范围的缩小。

第一,技术进步降低了发电设备的投资成本,使得发电企业的规模经济性明显下降,对市场需求而言不再具备自然垄断性,与此同时也伴随着发电企业沉淀成本比重的降低,使得发电企业进出市场的障碍有所降低。发电领域自然垄断性的丧失也与市场需求的变化有关,随着社会经济发展,电气化程度越来越高,社会与日俱增的电力需求使得一家企业无法低成本地满足整个市场需求,也即是说市场可以容纳更多的发电企业，而并非只一家。①

第二，随着输配网络的建设和输配电技术的发展，使得输配领域（尤其输电领域）的自然垄断性进一步加强。根据梅特卡夫法则，网络的价值（效率的体现）等于网络节点（规模）的平方（$V = n^2$），即网络的节点在按照算术级增长的同时，网络的价值会以几何级数的方式增长。因此，不仅输配网络的建设和管理具有自然垄断性（同一地区根本无须重复建设两套以上的网络），而且随着输配电网络的建设扩大和网络用户的增加，其价值和收益是递增的。更重要的是人们意识到网络只在建设和管理环节具有自然垄断性，网络的使用并不具有任何自然垄断性。"输配电网络的效用最终要由它所传输的商品体现，因此网络的使用并没有自然垄断性质，只要保障网络的建设和管理费用能够如期回收并取得正常利润，这类网络完全可以对非网络所有者开放。"②

（3）完全纵向一体化垄断经营的弊端凸显。如果说以上因素为电力产业打破垄断、推进市场化改革提供了理论和技术上的可能性，那么完全纵向一体化垄断经营体现的弊端则成为电力产业组织变迁的最终推动力。完全纵向一体化垄断经营的弊端主要体现在企业生产效率低下和政府管制效率低下两方面。企业效率低下表现为投资不合理和电价长期过高，其中投资不合理是指发电容量增长与需求增长不匹配，在电力市场化之前，欧美发达国家表现为电力供给能力严重过剩、负荷率过低，容量增长长期快于需求增长，拉美和亚洲发展中国家表现为电力需求迅猛增长但是电力投资不足，引发严重电力短缺。电价长期较高既反映了垄断企业缺乏降低成本的内在动力，也表现出政府管制的效率低下。管制效率低下主要源自信息不对称、滞后性，以及存在政府被俘获的可能。

---

① 实际上存在两种相对的力量使得发电领域自然垄断性消失，一种是供给方面，发电企业规模经济性下降，表现为最低平均成本对应的最小规模左移；另一种是需求方面，电力需求增长表现为市场需求曲线大幅度右移，两种力量的共同作用使得市场需求曲线与企业平均成本曲线上升部分相交，说明一家企业生产不再满足成本最低了，自然垄断性消失了。

② 刘树杰．垄断性产业价格改革［M］．北京：中国计划出版社，1999.

政府与企业的管制与被管制过程属于相互博弈行为，企业存在隐瞒真实成本的动机，政府获得准确成本信息的难度较大（信息成本较高），信息不对称使得政府管制下的价格往往偏离企业平均成本。政府的管制行为要耗费一定行政成本，且要经过一系列的行政程序，所以政府定价不能根据成本和需求的变化进行迅速调整，存在滞后性。如果政府被实力雄厚的垄断企业俘获，成为垄断利益者的代言人，管制更会偏离市场效率。

2. 电力体制转轨的路径选择

在以上三种驱动力的推动下，于20世纪70—80年代在全球范围内掀起了一股电力市场化改革浪潮。电力体制改革的核心是价格机制，实现从政府定价向市场定价的转变，但价格机制的发挥作用需要一定的基础条件，因此改革通常要考虑两个问题，即产权改革和产业结构分拆重组，前者是所有权在国有和私有之间的转变，[①]后者是发输配售从完全纵向一体化向各环节相分离的组织结构的转变。所以电力体制改革通常伴随着私有化和产业链纵向拆分，具体形式由于各国情况不同而有所差异，私有化并非必需，但纵向拆分必不可少。对于电力产业原先国有且纵向一体化的国家，一种是先私有化再纵向拆分（如英国、阿根廷等）；另一种是直接纵向拆分而不推进私有化（如挪威等北欧国家）。对于电力产业原先就是"私有+政府特许经营"的国家或地区（如西班牙、美国加州等），改革的主要任务就只有纵向拆分重组。

纵向拆分之所以必不可少，是因为竞争性市场的运行需要以竞争性产业结构为前提。由于电力产业的特殊性，电力体制改革的整体性和协调性要求较高，世界上大部分国家（包括英美以及北欧国家）的电力体制改革都是以建立竞争性电力市场为目标，[②]采取"系统设计、整体

[①] 在西方市场经济国家，国有化通常被认为是对市场竞争的替代，在市场竞争能够发挥作用的地方，主张国有企业退出竞争性领域，在市场失灵竞争无效的情况下，才实行国有运营，因此，国有化与市场竞争存在替代关系。

[②] 就目前来说，各国的电力体制改革目标通常是指建立电力批发市场，零售市场则并非所有国家都推行，零售竞争是电力体制改革的终极目标，一些电力体制改革较为成熟的国家，对零售竞争也只处于探索阶段。

推进"的方式。整体推进可以缩短改革时间、减少改革成本、维持电力产业的稳定运行，改革过程大致可以分为"三大环节"：立法先行、确定交易规则、分拆重组。电力立法既确定了电力体制改革的基本思路和方案，也为改革的推进提供了法律保障，交易规则是电力市场运行的核心机制，包括单边电力库模式和双边交易模式，[①] 在交易规则确定后，产业链一旦分拆，即可建立竞争性电力市场，此时发输配售各环节相分离，市场中形成多家发电主体和多家买方（区域配电公司、大用户等）。如果交易规则采取的是电力库模式，还需要建立独立的系统运营机构（ISO），以对电网中的电力传输进行统一安排；如果交易规则采取的是双边交易模式，则还需要建立一个平衡市场，以对市场中的供需差异进行平衡，维持实时市场的供需平衡。

我国电力体制改革却采取与众不同的分段推进方式，先将发电领域从完全纵向一体化的电力产业中分离出来（厂网分开），在发电侧引入竞争，输配售则依然实行一体化垄断经营。分段推进的好处是先易后难分步实施，减少改革范围过大导致牵涉利益太大而引发的阻力。但是，弊端也是非常明显的，一方面是过渡期拉得太长导致改革成本较高，甚至可能会因阻力太大而陷入僵局；另一方面是如果产业链分拆不彻底，虽然在某些部分领域形成了竞争性的市场结构，但依然无法实现电价的市场决定，导致有竞争性市场结构却无竞争性市场的尴尬局面。实质上，分段推进的改革方式违背了电力行业系统性特征的，并非最优选择。

由此可见，转轨期较长是我国电力体制改革的一个特点，在原有电力体制和改革目标体制之间，还需要确立和实行过渡期或转型期的电力体制方案，一方面是保障电力行业的稳定运营和持续发展；另一方面也

[①] 一些著作提出竞争性电力市场的交易模式分为三类，即单边电力库、双边模式和多边模式，实际上该分类并不准确，交易模式的分类是根据市场主体之间的关系，而并非市场主体的数量来划分，如果买卖双方只能与唯一的机构进行交易就是单边模式，反之买卖双方之间能够自由交易就是双边模式，除此之外并无其他模式。对于单边和双边模式并存的情况，由于买卖双方可自由选择是否入库，本质上也就是双边模式，不能因为选择数量上多了一个电力库而变成多边模式。

是保证过渡期的改革不偏离改革的最终目标。本书的研究也正是为过渡期的上网电价制定提供理论指导。

（四）现阶段上网电价仍需政府管制的原因

我国电力产业组织实现"厂网分开"之后，形成了单一买方的市场结构，国内一些文献在此基础上探讨竞价上网，甚至将其称为"单一买方模式"，实际上是对竞争性电力市场模式的误解，故在此解释我国现阶段仍无法实现竞价上网的原因。

在电力市场化先行国家，"单一买方模式"即是指强制性电力库模式，也叫"单边市场"，与"双边市场"相对应。因此在西方国家，单一买方模式确实是竞争性电力市场模式的一种。但是，我国现阶段的"单一买方结构"却与之有着本质区别。前文已经说过，我国当前的电力产业具有竞争性结构，却无竞争性市场，既无"市场"，何为"市场模式"？如图3-4所示为西方国家单一买方模式与我国单一买方结构的差别。

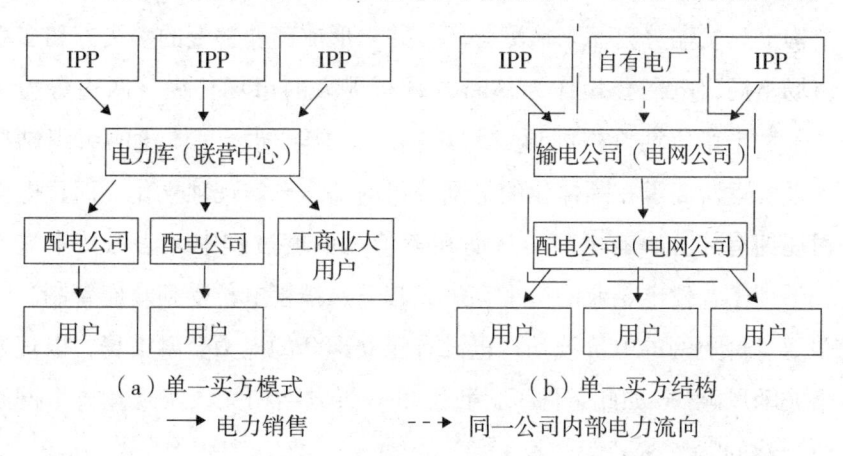

图3-4 西方国家单一买方模式与我国单一买方结构的差别

为何西方国家的单一买方模式可以实现电力市场竞争，而我国的单一买方结构却无法实现竞价上网呢？因为西方国家的单一买方模式（单边电力库模式）具有以下三个重要特点：

第一，产业组织结构上实现了发输分离和输配分离，形成了多买方和多卖方的市场格局，尽管独立发电企业（IPP）与各配电商（或大用户）不直接进行实物交易，但双方均可进行谈判和签订长期协议，买卖双方势力大致均等，有利于竞争性价格的形成。

第二，电力库作为单一买方，是一个独立且中立的联营中心，相当于各购电用户的代理商，是非盈利性质的机构，只是代用户与发电商进行实物交割。各独立发电企业向联营中心报出其可以接受的最低发电价，电力库则根据报价由低到高进行排序，安排发电任务。

第三，电力库实际上是一个短期现货市场，与其并行的还有电力期货和期权交易市场，现货市场的电价波动非常大，[①] 大部分配电公司（或大用户）很少在现货市场上买电，他们通常同发电商签订长期合约，形成较为稳定的电价，在现货市场上则只执行差价合约，因此金融市场有效化解了价格波动的风险。以上三大特点保障了单边电力库模式下电力竞争的有效运行。

反观我国的单一买方市场结构，以上三点均不具备。其一，产业组织结构上只发输分离而未输配分离，并未形成产业链上的多买方和多卖方市场格局，电网公司作为垄断方具有强大的市场势力，两边势力不等，不利于竞争性价格的形成。其二，我国输配售一体化的组织结构下，系统运营商设在一体化的电网公司内部，未实现独立化，而且电网公司还拥有部分自有电厂，从而在竞价和调度过程中无法保持中立态度，不利于各发电企业的公平竞争。其三，销售电价受到政府管制，无法跟随竞价上网的电价波动，也没有建立配套的电力金融市场，以规避价格波动风险。[②] 如此条件下，我国单一买方结构无法实现竞价上网是理所当然的。

---

① 英格兰和威尔士的电力库买入价在一天之中的波动超过4倍，而在更长时间内的波动幅度可达1~100倍。Caroline Varley, Gudrun Lammers. 电力市场改革［M］. 成都：四川科学技术出版社，2002：40.

② 价格波动风险无法化解也是我国东北区域电力市场"竞价上网"试点失败的重要原因之一。东北区域市场于2004年模拟运行、2005年试运行。在试运行阶段，电煤在市场化后开始涨价，从而促使上网电价上涨，但销售电价由政府管制无法传导出去，导致中间出现大量亏损，甚至出现东北电网北部发电高价上网，南部用电低价销售的情况，以致东北电网公司16天亏损了32亿元，以失败告终。

三、价格管制理论

(一) 价格管制的内涵与性质

价格管制,是指政府或法律授权的公共机构依据规则对被管制者定价行为的限制。① 价格管制在不同场合和不同时期也被称为"价格规制"和"价格监管"。"管制"一词源于英文 regulation,是早期的通常译法,后来学术界逐渐用"规制"代替"管制",意在强调要遵循规则行事,"监管"则在政府部门的使用较为普遍。就目前学术界的使用频率看,"规制"或"管制"使用频率相当,也基本作为同义词使用。

现代管制经济学理论将管制行为分为经济性管制和社会性管制。经济性管制是对市场主体经济行为的限制,以解决市场效率和公平问题;社会性管制是对市场主体影响社会健康、安全与环境行为的限制,以解决市场外部性问题。经济性管制实际上是对企业一系列决策权的限制,包括产品价格、产品数量、产品质量、服务质量、投资行为,以及企业的进入和退出等。其中,价格管制是政府管制的核心,因为价格是企业生产、投资、进入和退出等一系列决策的关键信息,也是影响企业与消费者之间利益关系的最主要内容。

政府价格管制行为的性质主要体现在以下三点:

第一,管制对象是微观经济主体,管制行为直接限制了企业的定价决策,这与财政政策、货币政策等宏观调控行为有着本质区别,所以不应该期望价格管制可以解决通货膨胀等宏观经济问题。

第二,管制行为要按规则进行,在法制化的框架内行事,管制者与被管制者是平等关系,这与过去计划经济时期自上而下的指令性行政干预相异,为了与计划经济时期的价格管理相区别,有学者建议用"价格规制"替代"价格管制"概念,为的就是突出按规则行事,弱化传统体制的"管理"思维。

---

① 刘树杰,论现代监管理念与我国监管现代化 [J]. 经济纵横,2011 (6):2.

第三，政府管制意在弥补市场失灵，要基于市场原则调节各市场主体之间的利益，模拟市场竞争结果，与过去计划经济管理时期按政府意图随意发令相异。

（二）价格管制的原因

之所以需要价格管制，是因为存在市场无法实现有效竞争而导致的市场失灵，如果不加管制，价格将偏离竞争性条件下的最优定价，因此管制实质上是市场机制的一种替代。然而，市场失灵并非管制的充分条件，因为作为管制的主体政府也存在被利益集团俘获的可能，甚至为取得某些目的而置经济效率于不顾。正如Posner所说，政府失灵反倒有可能是一种成本高昂的替代（Posner，1977）。所以管制也需慎重，管制行为也需要耗费社会成本。管制的另一个充分条件是关乎公共利益，只有较高的社会收益超过管制成本，管制才有必要。因此，管制行为的发生需要同时具备市场失灵和关乎公共利益两大基本条件。

1. 市场失灵

市场失灵是指市场机制受到一些因素的限制而无法实现资源的有效配置，这些因素主要包括进入壁垒、外部性和信息不对称等。

进入壁垒是一种不由已建立的企业而由新进入企业承担的生产成本（施蒂格勒，1968）。进入壁垒的大小决定了一个行业的企业数量（即市场结构），进入壁垒越大，企业进出就越难，现有企业就越容易维持既有地位，如果进入壁垒大到行业中只能维持一个企业时，就形成了自然垄断。进入壁垒的原因有多种，如规模经济、产品差异化、绝对成本优势（Bain，1956）等，但沉淀成本是一个重要的进入壁垒（鲍莫尔和威利格，1981），沉淀成本是一种具有专用性或者不可重新使用的成本，沉淀成本对新进入企业来说是一种递增的风险，必须在进入市场后通过收益来弥补，而在位企业则在未来决策中不需要考虑过去的支出。电力行业就是一个沉淀成本较高的行业，发电设备、输配电设施都具有很强的资产专用性，且固定投资较高，沉淀成本的存在不仅限制了新企业的进入，也为沉淀成本的保护提供了管制的合理性。

外部性是两个当事人在缺乏任何相关的经济交易的情况下，由一个当事人向另一当事人所造成的影响。外部性所导致的市场失灵由产权界定不清和交易成本而引起（科斯，1960），商品产权的界定是市场形成的前提，在缺乏明确界定产权的情况下，市场交易是无法进行的。因此，外部性一直被认为是市场失灵且需要政府介入的一个重要理由，基于外部性的管制实质上也就是对产权的管制，产权如何界定直接影响资源的配置效率和市场均衡的状态。① 电力行业也是外部性较为明显的行业，在环保领域，征收碳税、建立碳排放交易市场都是外部性管制的方法。

信息不对称使得市场交易双方处在不对等地位，从而市场机制无法达到有效的资源配置。信息不对称一方面增加了交易双方的信息成本；另一方面也增加了信息劣势方的交易风险。信息不对称既存在于非竞争市场（如上游供应商与后向一体化厂商的交易），也存在于竞争性市场（如次品市场）。由于信息一旦生产，传播和使用的成本极低，从而为政府的信息生产提供了理由。

2. 关乎公共利益

管制是一种国家职能，任何管制政策的实行都要耗费公共资源，管制与否需要在社会收益和管制成本之间做出权衡。由于管制也是政治程序，需要通过反复听证和立法才能有效，政治程序往往关系到大多数人的利益，因此关乎公共利益成为管制的另一个充分条件。如果某领域的市场失灵对公共利益无明显损害，那么也就没有管制的必要。典型的例子是奢侈品行业，以及艺术品拍卖市场，对于一件艺术品如古董，卖家在交易中具有绝对的垄断地位，价格即使再高也没有必要对其进行管制。

因此，管制的原因是存在市场失灵且关乎公共利益的行业，二者缺一均没有管制之必要。现阶段满足该条件的主要集中在电力、自来水、

---

① 关于产权与管制的进一步研究可参考德姆塞茨（1967），张五常（1970），波斯纳（1977），布雷耶（1982）。

暖气等具有自然垄断性质的公用事业和具有较强负外部性的环境污染企业、信息严重不对称的医药及食品安全等领域。

(三) 价格管制的目的

价格管制只是手段，目的在于平衡市场主体之间的利益，进而实现资源的优化配置。从这个角度看，价格管制具有再分配效应。对于电力行业来说，发电侧在三个方面体现出利益不平衡：其一，我国发电企业面临的是单一买方，电网具有强大的市场支配地位，在交易中占优，而发电企业则会处于劣势。价格管制则试图消除这种市场势力，平衡买卖双方的利益。其二，在目前我国尚未建立容量市场和辅助服务市场之前，发电价格以单一电量制为主，各个发电企业在电力系统中的不同地位和价值也尚未体现出来，使得一些以提供容量产品或辅助服务为主的发电企业在电力交易中也处于不公平地位。其三，环境污染等外部成本尚未完全内部化，也使得更具环保价值的燃气电厂和可再生能源电厂由于成本较高而处于不公平地位。因此，买卖双方和发电企业之间的利益均需要政府价格管制行为进行平衡，价格管制的目标具体体现在以下四个方面：

1. 对于生产者，体现机组特性和产品特性，实现公平竞争

我国电力体制过渡期实现了厂网分开，政府电价管制者的对象是无数分散的各个发电企业，无疑提高了价格管制的难度，主要体现在机组特性和产品特性的差异化。

第一，各个发电机组在电力系统中的定位不同，有的机组只有在基荷运行条件下才能体现经济性，有的机组则适合提供腰荷电量，还有的机组价值体现于顶峰发电。系统定位不同，运行方式就不同（主要体现在运行小时数上），成本构成也就千差万别。

第二，即使系统定位相同，不同机组的产品特性也是不同的。例如同样是提供基荷电量，核电就比火电更稳定，而且更加环保；同样是提供腰荷电量或峰荷电量，水电的调节性能就会优于燃气机组，启停更快、成本更低。

第三，以提供辅助服务为主的机组，产品价值无法通过发电量或运行小时数来体现，如无功调节、黑启动、负荷跟踪等，运行时不生产任何电量。如果上网电价以单一电量制为主，就会鼓励企业多发电，运行小时数越高，收入就越高，那就会导致电厂都不愿意提供辅助服务。

上网电价是发电企业机组特性和产品特性的集中体现，因此上网电价的制定要体现这种差异性。对于提供多产品的发电企业能够实现收入多元化，不论是以生产电能量为主还是生产辅助服务为主，都能获得大致相等的回报；对于同样的产品，则要按质定价，体现优质优价原则，否则就无法实现发电企业的公平竞争。

2. 对于消费者，能够感受到发电成本变化和资源稀缺性，避免交叉补贴

过去我国为了支持工业经济发展和民生建设，长期实行统一低电价政策，这一政策的结果就是电价关系一直没有理顺，主要体现在电价没有反映发电成本变化和资源稀缺性。既然电力体制改革是为了向竞争性电力市场过渡，那么转轨期的上网电价设计理应让消费者感受到电力产品的成本变化和稀缺性。

统一定价容易引起电力用户对电力产品的误解，认为电力产品是同质的，无论何时用的电都是一样的，同质则理应同价，故白天和晚上的电价不应该相异。实则斐然，晚上用电高峰时段的电力生产，需要调用更多机组和备用容量，且机组在较短的时间内启停和爬坡也会增加机组的损耗，因此高峰时段的电力生产成本更高，成本和价值皆不同，价格理应不同。尽管对用户来说，可能并未体会到不同时段电力产品的差异性，但高峰时段的电力产品的成本构成是与其他时段不同的，包含了更多的服务性价值如不间断供电，因为按原价格水平，顶峰生产电力就会亏损，企业就会拒绝生产，为了维持电网供需平衡，最终将导致部分用户断电，为了享受不间断的服务，就应为顶峰电力生产付费。此外，统一电价也存在交叉补贴效应，相当于高峰期用电量少的用户补贴了用电量大的用户。

电价体系设计也应让消费者感受到产品的稀缺性。高峰时期需求量大，电力产品就变得相对稀缺，竞争性市场的产品分配标准是价高者得，故价格变化的背后也体现出电力产品的稀缺程度。此外，原材料价格变化也应在上网电价中有所体现，并最终从销售电价传导出去。只有产品价格真实体现了产品价值和稀缺性，才真正具有了价格引导机制，进而能够顺利地向竞争性市场过渡。因此，转轨时期的上网电价设计应建立合理的分时电价体系和价格联动机制。

3. 对于投资者，既要引导长期投资，又要优化电源投资结构

我国电力体制改革的背景与西方发达国家电力市场化改革初期不同，西方国家电力体制改革之初面对的是容量过剩、电价过高、效率低下等问题，市场化改革是为了引入竞争，提高效率，降低电价。而我国正处于经济社会高速发展时期，电力需求呈现跳跃式增长，尚未出现电力严重过剩的局面，部分地区甚至存在电力紧张，再加上缺乏竞争导致的效率低下，企业亏损严重，因此我国电力市场化改革之初是为了解决电力投资不足、财政负担过重的问题，现阶段仍要维持电力的长期稳定投资。价格是企业投资的重要信号，因此上网电价的设计要有利于引导社会对电力行业的长期投资，引导投资既要有总体水平的提高，也要有电源结构的优化。投资水平的提高，需要上网电价水平满足收回成本、获得合理回报；电源结构的优化，需要各电源类型机组的上网电价能够大致获得相等的回报率。

为了电力系统的稳定和有效运行，发电侧需要形成合理的电源组合，性能不同的发电机组根据自身优势承担系统中的相应作用。既需要能够稳定提供基荷电能量的核电，又需要能够较易调节负荷、提供腰荷电能量的火电，还需要调节性能极好、提供高峰负荷电能量和辅助服务的水电，单靠任何一种电源都无法实现电力系统稳定、低成本、有效的运行。除此之外，电源组合也基于能源结构的考虑，我国电源以煤炭等矿物燃料为主体，但受到能源总量的制约和环境污染的弊端，还需要发展其他清洁能源和可再生能源，如核能、燃气、风能、水电能等。多元化的电能结构有利于提高系统运行的稳定性和安全性，也可以获得电力可持续发展的长远利益，毕竟新技术的大规模应用并非一蹴而就。

优化电源结构不仅需要政府管制过程中的合理规划，而且需要合理的价格机制对电力投资进行引导。如果容量价值和辅助服务价值在电价中不被体现，那么更适合提供辅助服务或调峰运行的机组可能就会转向以发电为主，否则就会亏损，长此以往就会减少投资，对电力系统不利。如果可再生能源的环保价值不在电价机制中有所体现，其在发电侧的竞争中就处于劣势，既影响正常运营又制约长期投资，因此要建立合理的价格机制和补贴机制，来对各种电源机组的投资进行引导，以达到优化电源结构的目的。

4. 对于运营者，有利于系统调度优化，保障系统安全

保障电力系统的安全稳定运行是电力体制转轨时期的重要任务，许多电力体制改革的先行国家在电力市场化过程中都出现过严重的电力危机事故（如加州大停电），电力危机除了技术问题之外，电价形成机制的缺陷也是重要原因。价格机制直接影响到发电企业的生产行为，基于电力系统的整体性和协调性，各发电企业必须保持高度的配合，才能实现整个系统的运行最优化。因此，上网电价体系的设计，要有利于引导发电企业之间的高度协调，有利于引导不同发电机组自发地根据自身特点和优势进行最优化的运行方式，避免发电企业的行为扭曲，同时有利于系统运营机构实现最优调度，实现整个系统运行成本最小化。

2001年加州发生了大面积停电事故，是第二次世界大战后从未有过的电力短缺现象，发生事故的一个重要原因就是电价改革不合理。加州电力改革后，也实施了"厂网分离"，打破垂直垄断，在价格管制领域，一方面放开了上网电价，由市场定价；另一方面又对销售终端电价实施价格管制。这一定价机制具有三个方面的严重弊端：一是受管制的终端电价不能反映电力稀缺程度，无法准确反映市场供给情况，从而使得市场需求无法根据电价做出反应，在电力供应紧张、上网电价大幅上涨的情况下，依然需求不降，加剧了电力短缺；二是由于缺乏价格传导机制，购电公司无法转嫁成本，难以承受不断上涨的批发电价，很多电力公司濒临破产，从而加剧了电力供应紧张；三是输配环节利润空间狭小，投资能力和吸引力下降，不仅导致、输电设备老化、输电能力不足，而且为电力安全问题留下了隐患。此外，加州电力期货交易市场还很不完备，不能起到规避风险的作用，企业无法通过签订长期合同来规避价格波动的风险。因此，加州停电事故的教训表明，电价形成机制的合理设计，有利于正确引导消费者、投资者、调度运营者的行为，维护稳定健康的电力系统。

第四章　上网电价的影响因素与形成机理

一、影响上网电价的需求因素

(一) 电源结构及电网结构

电力产品的直接需求是电网,最终需求是终端用户,终端用户所消费的电力产品,实际上是一种系统集合产品。因为发电企业很少提供单一产品,各类型发电机组都是多产品生产,即使核电只提供基荷电量一种产品,也需要其他机组为其提供配套的辅助服务。发电企业的电力产品包括电能量和辅助服务两大类,电能量可细分为基荷电量、腰荷电量和峰荷电量,辅助服务可分为备用、调频、调压、黑启动等。对电网来说,需要合理安排系统内各类型电源机组的生产运行,要根据电源结构来实现生产的最优化,即以最低成本实现最高质量的电力供应。电力系统要兼顾灵活性和稳定性,定性而言,核电稳定性较强但灵活性较差;火电的稳定性和灵活性兼具,其中煤电调节性能有限,气电调节性能更佳;水电的灵活性较强但稳定性一般;径流式水电、风电等机组的稳定性和灵活性均比较差。因此,核电适合基荷运行,提供稳定的基荷电量;煤电适合基荷运行与腰荷运行,气电则适合调峰运行,提供腰荷和峰荷电量;水电则以提供辅助服务为主;风电等可再生能源机组则只能作为发电侧的补充,还不具备大规模应用的条件。

因此,某一类型机组产品的需求首先取决于电力系统的电源结构,如果电力系统中核电、风电的比重较高,那么对气电、水电等调节性能强、适合提供辅助服务的机组需求较高,否则依靠煤电机组调峰既有难度又不经济。相反,如果该区域电力系统中的水电比重较高,系统运行条件就较为宽松,对调节性能好的气电需求就不是那么强烈。

一些产品如辅助服务的需求还受到电网结构的影响。电力产品的质量与传输距离有关,电网结构越紧凑、规模越小,用电负荷与发电机的距离越近,电力传输过程中的损耗越小,电压、频率的变化也越小,系统对辅助服务的需求就越低;反之,电网规模越大,用电负荷与发电机的距离越远,系统对辅助服务的需求就越高,如大规模的跨区送电会明显增加送、受电两个区域的辅助服务需求。辅助服务需求的增加意味着对气电、水电等机组的需求增加。

(二) 经济社会发展水平

电力产品需求还受到一个国家或地区的经济社会发展水平的影响,具体来说体现在工业化水平、产业结构和居民收入水平等。

工业化水平越高,社会电气化程度就越高,对电力产品的需求就越大。就我国而言,华东地区电力需求就明显大于西北地区,就一个城市而言,市中心电力需求一般要高于郊区,就是因为这些负荷中心电气化程度高,电力需求大。经济发展各阶段的用电需求,如表4-1所示。

表4-1 经济发展各阶段的用电需求

发展阶段		人均用电量(千瓦时)	人均生活用电量(千瓦时)
初级产品阶段		<300	<20
工业化阶段	初期	300~1000	20~80
	中期	1000~2400	80~240
	后期	2400~4500	240~810
完成工业化阶段		4500~5000	810~900
发达经济阶段	初期	5000~6000	900~1500
	中期	5000~8000	1500~2400
	后期	>8000	>2400

数据来源:胡兆光. 电力经济学引论 [M]. 北京:清华大学出版社,2013:184.

产业结构方面,如果其他条件相同,制造业比例越高的地区,对电力产品的需求量和稳定性要求都要更高,这也就是为何制造业繁荣地区的用户对基荷电力的偏好相对较高,从而对核电的评价就较高。许多工厂的机器 24 小时不间断运转,且对电压和频率都有较高的要求。

电力产品的需求还受到居民收入水平的影响,一些环保无污染的清洁能源机组之所以得不到广泛应用,一个重要原因就在于发电成本较高,一般收入水平的居民还不具备消费的能力,如果居民收入水平较高,对优质环境的评价高,那么就会愿意多付费以提高清洁能源机组在发电侧的比重。再如核电机组,一般情况下,富裕地区对核电的需求和评价要高于贫困地区。

(三) 外部性评价

人们对发电侧的外部性评价主要是污染气体排放对环境的影响,环保要求高的地区,煤电的比重就会很低,核电、气电、水电的比重会相对较高,反之,环保要求宽松的地区,外部性成本未计入发电成本,那么煤电就会比环保机组更有竞争力,煤电比重就相对较大。2011 年年底以来,PM2.5 污染物成为社会热点问题,其中京津冀、长三角和珠三角地区是 PM2.5 污染重灾区,PM2.5 的主要来源就是煤炭燃烧、工业生产和汽车尾气排放等,其中煤电生产的排放比重最大。近年来,我国加大了节能减排和环保力度,例如,北京地区就实行了以气电替代煤电(即"煤改气"),关停了五环以内的所有煤电机组。如此,北京地区的气电比重就会相对提高。

外部性评价除了环境因素外,还有能源的永续利用问题。目前化石燃料作为发电的主体能源,是不可再生资源,无论如何节约利用,总有枯竭之时,可再生能源的研发必须先行,为实现大规模替代化石燃料的可再生能源和新技术交付"学费"。因此,未来的远期需求刺激了当前对核电、水电、风电、太阳能、生物质发电等可再生能源机组的需求,各国政府之所以对这些机组给予了相应资助,也是基于这种巨大的正外部性,如表 4-2 所示。

表4-2　　　　　　　　不同类型机组的需求因素

机组类型	需求因素
核电机组	经济发达，制造业繁荣，基荷电量需求大，矿物燃料资源匮乏，环保要求高
水电机组	水资源丰富，调节性能差的机组比重高，跨区送电任务重，辅助服务需求高
燃煤机组	煤炭资源丰富，不适宜建核电、水电等机组，环境约束较为宽松
燃气机组	调节性能差的机组比重高且水电比重低，调峰需求高，环保要求高
可再生能源机组	政府意图，代表社会远期需求，风场、日照等自然条件好，环保要求高

二、影响上网电价的成本因素

（一）发电企业几种基本类型的成本

1. 固定成本与变动成本

任何企业的经营成本都面临两种基本类型的成本，即固定成本和变动成本，电力企业也不例外。所谓固定成本是不随产量增减而变化的支出，也即是说，不论生产多少电量甚至停工不生产任何电力产品，固定成本也依然要支付。发电企业的固定成本源自电厂的建设成本（主要是机组设备成本或容量投资成本）和一些固定经营成本，前者主要包括资金成本和利息（也即财务费用），后者包括人员工资和保险，以及按合同规定进行的定期维护费用。[①] 变动成本与固定成本相反，是随产量增加而变化的支出，产量越大支出越多，不生产则不需支出。变动成本主要由燃料成本构成，还包括非定期维护成本（维护材料和劳动力成本）。

---

① 出于安全生产的考虑，发电机组的购买协议中通常都包含定期维护的条款，维护期限有运行小时数和运行年数两种标准，哪种标准先到即开始维护检修，因此，即使不生产，到了一定期限也要支付维护成本，应属固定成本，但生产过程可能会使定期维护费的支付时间加速提前。

不同类型机组的电价成本构成差异较大，如核电的建设成本比重较高，能达到60%左右，燃料成本则很低，水电、风电等清洁能源的燃料成本更低，甚至没有燃料成本支出。火电则相反，由于设备造价不断降低，煤炭、天然气等矿物能源价格不断升高，使得火电发电成本中燃料成本比重最大，其中煤电机组的燃料成本为50%左右，燃气机组则高达70%~80%，如图4-1所示。因此，成本结构的差异化提高了政府定价的难度。

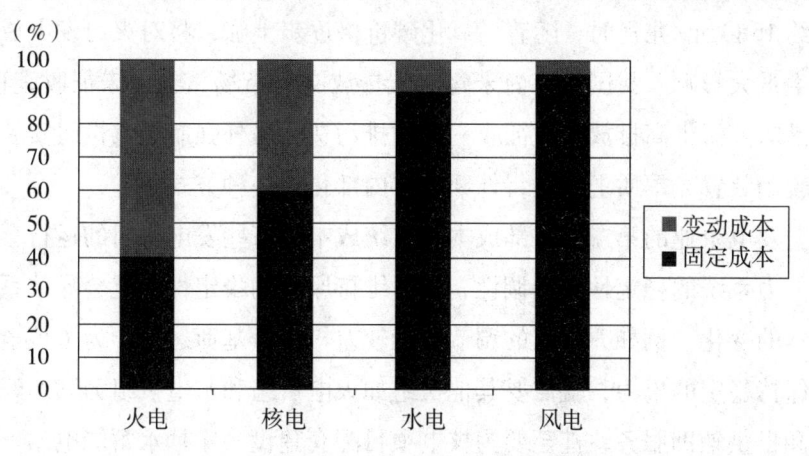

图4-1 不同发电机组的成本构成比较

2. 内部成本与外部成本

内部成本即生产过程中企业内部发生的成本支出，与企业之外的其他主体没有直接关系，上文所述固定成本和变动成本构成了内部成本的主要内容。外部成本与内部成本相对应，是企业生产过程中对其他主体造成的间接影响。

发电企业的外部成本主要有两种：一种是环境污染成本，几乎每一种发电机组都会对环境产生污染，如火电的废气排放、水电的生态影响、风电的土壤破坏、核电的事故风险等，目前社会较为重视的是矿物燃料燃烧产生的废气排放。解决环境污染外部成本的办法是将其内部化。国际上通常运用三种具体方法：一是政府向排污企业征收碳税；二是许可证制度，排污企业需要向政府购买绿色许可证或排污许可证，以上两种办法都是政府干预将外部成本转化为企业的内部成本；三是市场方法，建立碳排放交易市场，这样排放多的企业需要在市场上购买排放指标，排放少的以及不排放的企业则可以在市场上出售排放指标，通过市场手段和价格机制来解决环境污染的外部性问题。

在碳排放市场较为健全的西方市场经济国家，外部成本对发电企业的总成本影响较大。据测算，[①] 如果二氧化碳平均价格达 20 欧元/吨 ~ 25 欧元/吨，燃气发电价格将增加约 7 欧元/兆瓦时，燃煤发电价格增加约 15 欧元/兆瓦时，随着二氧化碳价格逐步上涨，将对火力发电成本产生重大影响。我国目前尚未建立碳排放交易市场，也尚未征收碳税，只是向高污染高排放企业征收一定的排污费，另外强制火电机组安装脱硫脱硝装置，本质上也是将外部成本内部化的一种方式。

发电企业的第二种外部成本是系统成本。有些发电机组的运行会降低电力系统的稳定性和协调性，为了维持原有的稳定性，就会导致系统成本的变化。例如，核电的调节性能较差，适合基荷运行，为了核电机组保持稳定的出力，就需要其他机组如火电机组和水电机组为其调峰运行和提供辅助服务，甚至要为核电项目配套建设一座抽水蓄能电站。风电机组亦是如此，风电运行具有随机性和波动性的特点，并入电网后会增加电网的不稳定性，可能出现需要电时无风可发、不需要时又顶风发电的情况，如此一来就需要其他发电机组为其调峰运行以及提供辅助服务，从而增加了整个系统的负担和成本。

需要注意的是，某机组的运行导致了系统成本的变化并非总是导致系统成本的增加，例如，核电的运行确实导致了其他机组因调峰和辅助服务任务的加重而成本上升，但核电本身也会引起基荷电量的成本下降、环境污染的改善，整个系统成本变化的综合结果可能是下降的，事实通常也是如此。

3. 可控成本与不可控成本

可控成本是能够被企业自身行为所制约的成本，不可控成本则与之

[①] （美）巴里·穆雷. 电力市场经济学能源成本、交易和排放 [M]. 上海：上海财经大学出版社，2013：65.

相对，企业通常只能被动接受而无法进行有效约束。成本的可控与不可控，受到时间和空间的影响。例如，固定成本在短期是不可控成本，在长期则是可控成本；劳动力成本对企业某一部门来说是不可控成本，因为某一部门并没有决定工资水平和调整员工数量的权力，但对于企业整体来说则是可控成本，可以通过调整工资水平和增减员工数量来控制劳动力成本。

之所以要区分可控与不可控成本，是出于建立上网电价联动机制的需要。既然价格管制要以成本为基础，那么成本变化必然要求产品价格的动态调整。但是调整的期限为多久，以及调整的幅度有多大，均需要科学的依据。如果所有成本均可通过价格调整疏导出去，企业也就失去了降本增效的动力；反之，如果本应疏导的成本没有疏导出去，企业就会面临亏损境地。因此，国外价格管制的通行做法是对成本进行可控与不可控的划分。

对于不可控成本的变化，应该以产品价格及时调整的形式全价疏导。燃料采购价格即属于典型的不可控成本，在竞争性市场结构下，政府价格管制需要实施上网电价与燃料价格联动机制，只要燃料价格涨幅超过一定幅度，上网电价自动调整。对于可控成本，则需要按规则进行定期审查，在审查考核的结果上对上网电价做出相应的调整。如发电机组造价和燃料能耗都是可控成本，[①] 随着技术进步和生产效率的提高，机组造价和燃料能耗都是呈现下降趋势。因此，价格联动是不可控成本和可控成本变化的综合结果，最终的上网电价水平并非一定与燃料价格变化的方向和幅度相同。

4. 个别成本、标准成本与替代成本

个别成本是个别发电企业的生产成本，过去我国上网电价制定采取

[①] 机组造价属企业固定成本，之所以算作可控成本，有两个原因：一是机组造价在短期几乎没有变化，也不存在价格波动，故无价格联动问题一说；二是从长期看，竞争激励和技术进步就会使机组造价趋于下降，对企业来说就成为可控成本。因此，机组造价的成本变化只有从长期看才有意义。

"一厂一价"，正是以个别成本为依据，个别成本定价可以充分考虑每个企业的特点和差异，每个企业的成本回收都有保障，缺点也是明显的，一方面降低了企业之间的竞争性和企业降本增效的积极性；另一方面也大大增加了政府的管制成本。

标准成本即将个别成本进行标准化，是指在一个区域范围内，按照统一的技术标准所核定的统一成本水平。核定标准成本的前提是形成行业统一的技术路线，我国目前以标准成本进行价格核定的是煤电标杆价，因为煤电机组经过长期发展，已经形成了较为统一的技术标准，建设成本、设备成本和生产成本差异化较小。制定标准化的价格有利于引发发电企业之间的竞争，只要企业能把成本降到标准成本以下，就可以获得超额利润。此外标准成本的制定也大大减少了价格管制的成本与难度。然而，并非所有类型的发电技术都能形成标准成本，例如水电站，每座水电站的设计和建设都要考虑到当地的自然环境和地理位置，几乎每座大坝都要结合具体情况进行单独设计，水轮机的设计也需考虑水域特点，因此每座水电站的建设成本千差万别，甚至可以说，每一座水电站的成本都是独一无二的。

机会成本也称作替代成本，是指某一决策所放弃的其他替代选择的最大收入。对于发电企业来说，投资哪种类型的发电厂就是一系列可替代的选择，是投资水电、火电还是核电，抑或是风电、太阳能电站等，如果投资火电，是选择煤电还是气电，这些选择都具有替代性。每一种类型的电站都会得到不同的收入，理性的投资者定会选择能够给自己带来最大收益的方案。对于价格管制者来说，以机会成本或替代成本为基础定价，一方面可以促进不同类型发电企业之间的竞争，另一方面也给投资者提供了可参考的投资信号，同时也降低了价格管制成本。例如，煤电具有较强的替代性，无论在哪建，成本都差不多。那么，当一个区域面临建设火电还是核电的选择时，如果煤电的成本更低（已包括合理的外部成本），且能满足需要的运行特点，就没有建设核电的需要。反之，由于煤电的可替代性，如果核电已经建成运营，核电上网价格的制定也可以煤电价格为基础作出适当调整。

(二) 发电企业成本的基本构成

各类型发电企业的成本构成基本可以分为投资成本、燃料成本和运行维护成本三类，另外，外部成本在我国目前还不具备成熟的评价与考核体系，尚不易计量。如果外部成本单指废气排放，那么可以通过改善发电设备（如增加废气吸收处理装置）的方法将外部成本内部化，即将外部成本转入设备投资成本，也可以利用国际碳排放交易市场上的二氧化碳价格计算机组的排放成本并计入上网电价中。

1. 投资成本

电力行业属资本密集型行业，故投资成本占发电企业总成本的比重最高。发电企业的投资成本主要发生在建设时期，包括前期的选址勘探设计、土地租金、厂房基础设施建设、发电设备的采购，以及建设期间人工费用。投资成本的表现形式是资金成本（包括贷款本金和利息），也即财务费用。这些资金在相当一段时期内属于固定成本，也是易沉没、易沉淀成本，投入不可逆，易沉淀的风险必须对投资成本的回收提供保障。[①]

投资成本对上网电价的影响主要体现在以下几个方面：投资总额、贴现率、建设期和电厂预期寿命。投资总额取决于电厂建设的环境要求和机组国产化率，其他条件相同的情况下，对环境要求越高、国产化率越低的电厂，投资总额就会越大，从而上网电价就会越高。例如大型水电站对环境要求最高，施工难度也最大，不仅要进行大量的勘探和设计，还会涉及库区移民费用，投资成本自然就会较高；反之煤电企业对环境要求较低，几乎在哪里都可以建，投资成本就较低。机组国产化率

---

① 现代西方经济学理论认为"一切成本向前看"，过去的成本已经沉没，不再影响后期的决策，企业成本理论也认为，企业的开工点在市场价格与平均变动成本相切点，因为只要能够收回变动成本，企业就应当维持经营。但是这需要的前提条件是完全竞争市场，企业无法控制市场价格，只能被动接受价格水平，在既定价格水平下调整自己的生产决策。由于投资决策的失误，不停地会有企业亏损退出市场。这就暗含了一个条件是企业进入市场无摩擦，即不存在沉淀成本，电力行业则不具备这一前提。

也是影响投资成本的重要因素,目前我国煤电机组之所以造价较低,主要原因之一就是国产化率较高,国内技术发展较为成熟,核电机组、燃气机组的国产化率较低,大部分依靠进口,成本较高。贴现率和建设期主要影响资金的时间成本,贴现率越高、贴现期越长,资金时间成本就越高,进而提高了投资成本。(如表4-3和表4-4所示,分别给出了贴现率水平差异对不同类型发电机组建设成本的影响)电厂预期寿命则与上网电价呈反相关,因为寿命越长,平摊到每一度电的成本就会越低。

表4-3　　　　贴现率为5%时的核电与煤电、气电成本构成

单位:%

	建设成本	运行和维护成本	燃料成本
核电机组	50	30	20
燃煤机组	35	20	45
燃气机组	小于15	小于10	80

数据来源:刘树杰.核电价格形成机制研究(上)[J].中国物价,2006(10):20.

表4-4　　　　贴现率为10%时的核电与煤电、气电成本构成

单位:%

	建设成本	运行和维护成本	燃料成本
核电机组	70	20	10
燃煤机组	50	15	35
燃气机组	20	7	73

数据来源:刘树杰.核电价格形成机制研究(上)[J].中国物价,2006(10):20.

2. 燃料成本

燃料成本是常规发电机组的主要变动成本,但是在单位电价中的比重差别较大,燃气机组的燃料成本高达70%以上,燃煤机组的燃料成本大约占50%左右,核电机组的燃料成本比重则低至20%以内,还有一些发电机组的燃料成本更低甚至没有燃料成本,如水电、风电、光伏发电等机组。由于我国目前的发电机组仍然以火电(尤其是煤电)为

主体，所以燃料成本成为影响上网电价的重要因素。

燃料成本的高低取决于三个方面的因素，即燃料价格、燃料运输价格和单位能耗，三者均与电价呈正相关。燃料价格通常以能源所在板块一般使用的单位报价，如煤炭价格单位为元/吨、天然气价格为元/立方米，由于矿物燃料之间的热值差别较大，所以一般会将燃料价格转换为单位热值价格，热值单位为吉焦/吨，二者相除可将不同燃料的价格统一转换为元/吉焦。燃料价格对于发电企业来说属于不可控成本，故燃料价格的波动对上网电价的影响较为明显，我国燃料价格除电煤外均处于政府管制之下，价格较为稳定，但仍呈现逐步上涨趋势。电煤虽然已经实行了市场化定价，但由于上网电价没有放开，使得煤炭价格变动无法通过电价疏导。

燃料运输成本与燃料的物理特性和运输距离相关，煤炭运输主要依靠铁路系统和公路系统，价格取决于车皮费用、装卸人工费和运输距离，一般情况下离煤炭产出地越远，燃料成本越高，例如江浙、广东地区的煤电燃料成本就比山西、陕西的煤电燃料成本高，也正因为如此核电才有形成需求的可能。天然气运输主要依靠天然气管道网络，也可以采取技术处理转化为LNG并通过其他交通工具运输，海外进口的LNG就主要以货轮运输为主。核电燃料浓缩铀由于以单位体积或重量计算的能量密度极高，可数百倍于煤炭，从而大幅度降低了运输成本。

单位能耗实质上就是能源利用效率的一种衡量（煤电机组以煤耗，燃气机组以气耗，水电机组以水耗等），能源转化过程中会产生损耗，在现实中并不可能将热能百分之百地转移成电能，单位能耗越小，说明利用效率越高，越有利于降低燃料成本。面对愈发紧缺的矿产资源，提高资源利用效率也是必然趋势。能耗通常受到两个因素影响：第一个是技术因素。随着技术进步，机组设备越先进，利用能源的效率也在逐步提高，能源利用效率越高，意味着同样数量的燃料可以发出更多的电，或者说每度电需要耗费的燃料更少了，从而单位电价中的燃料成本降低了。第二个是机组运行工况。机组负荷因子越高、运行越稳定,能耗就越低,调节性能好的水电和气电在调峰运行时频繁地调整负荷,就会因增加燃料成本而导致效率下降,在提供旋转备用时也要耗用一定的原材料,导致能耗增加。

3. 运行和维护成本

发电企业的运行和维护成本主要由维修服务费、材料费、人工费以及其他日常经营性支出构成。电力系统安全性和稳定性要求极高,使得设备维修和维护非常必要,发电机组维修具有专业技术性强、维修成本高、维修期限长的特点,因此,对发电企业来说,机组频繁地进行维修和维护具有较高的成本支出和收入损失。

设备维护和维修分为例行维护和故障维修。例行维护是出于安全生产的考虑,按照合同定期进行的强制性维护,例如,有些发电机组的采购协议中就附带定期维护条款,要求五年一小修十年一大修,同时还有运行时间的考核,如果连续运行达到一定小时数,即使没到规定年限,也必须进行设备检修。所以,对于例行维护的费用支出,具有固定成本性质,即使不生产,到一定年限也要支付维修成本。故障维修则是设备出现异常情况时进行的检修,具有随机性,该类维护成本受设备运行状态的影响较大,从技术上来说,无论哪种发电机组,维持高负荷(近满负荷)状态运行是最经济的,既达到设备设计运行效率,生产成本最低,又避免负荷频繁调整给设备带来的损伤。如果一些机组承担调峰任务以及提供辅助服务,那么机组频繁地调整负荷,或者频繁地启停,都会增加设备的损伤和故障风险,负荷调整幅度越大、调整和启停次数越多,机组损伤越大,故障风险越高,维修成本就越高。因此,一些调节性能好的燃气机组、水电机组通常都会支出大量的维修成本,这些机组为了平衡系统电量而增加了成本支出,为系统做出了贡献,理应得到合理补偿。

(三)能源结构及其影响

既然燃料成本是发电机组的重要变动成本,是上网电价的重要组成部分，一国的能源结构和能源禀赋就成为电源结构和电价的影响因素。它不仅决定了一国发电机组的主体力量和发电技术的发展方向，而且其供求和价格变化也会影响到电价的走势。为何我国发电机组以煤电为主，美国以天然气为主，重要原因就在于能源结构差异，我国煤炭资源丰富，煤炭价格便宜，以煤发电经济性最强，美国页岩气资源丰富，天然气价格便宜，以气发电经济性最强，能源禀赋使然。因此，一国的电源结构是由其能源结构决定的。

能源结构除了影响一国的电源结构之外，还通过价格传导机制影响到电力价格波动，其中最典型的是煤电联动机制。煤炭是许多国家电力产业的主要能源（专门供给发电的煤炭通常称为"电煤"），为了使电价体现能源稀缺程度变化，国际上普遍实施煤电联动机制，当煤炭价格变动到一定幅度时调整电价。

例如，日本从1996年1月开始实行"燃料费调整制度"，以使电力收费能够迅速反映原油价格、汇率变动等情况，因为日本发电企业对国外石油与天然气的进口依赖度较高，燃料进口价格变动对电力公司经营业绩有着巨大的影响。美国在市场化改革之前，发电企业上网电价与用户电费均在基价之外单独设立燃料调整费，用户燃料调整费用与电厂燃料调整费用联动。自20世纪80年代末开始实施发电竞价上网后，市场力量也会实现主要发电燃料价格的变动向发电价的传导，用户销售电价中，一些电力公司设置"燃料调整费"，以反映发电燃料价格的变动对电价的影响。南非的电价机制中，也明确提出燃料成本变动情况下的电价调整机制，同时规定煤电价格联动需经政府审批。

燃料价格与电力价格联动的机制有利于缓解电力企业受能源价格波动的冲击，有利于让消费者感受到能源供求变化情况，但是也存在一些问题。一方面，调价机制设计难以适应市场变化，价格调整幅度通过僵硬、单一的数学公式计算而得，所以无法全面反映煤炭、电力市场的信息，也就无法准确得出科学、合理的电价调整幅度。另一方面，调价行动受到一系列法定程序的限制,联动周期较长,面对瞬息万变的市场,这种联动机制暴露出明显的滞后性和被动性。

三、行业长期边际成本的衡量——"标杆成本"

商品价格从长期看由成本决定,在竞争性市场条件下,商品的长期均衡价格也是等于该行业的长期边际成本。因此,价格管制要尽可能地模拟市场竞争结果,使得上网电价的制定尽量地趋于长期边际成本。这里具有两个层面的意义:一是制定的价格水平作为结果要大致等于发电侧的长期边际成本;二是定价方法要有利于引导发电侧各类型机组的成本向发电侧长期边际成本趋近,同时有利于发电侧长期边际成本趋于下降。首要问题是,在非竞争性市场条件下,价格管制方如何发现发电侧的长期边际成本?

(一)可替代性与行业长期边际成本

为何竞争性市场中的商品价格会自发地趋于长期边际成本?竞争使然。竞争的背后则是商品和技术的可替代性。可替代性越强,竞争就越激烈,商品价格就越逼近边际成本。对于消费者来说,不同生产商所生产的同一种商品是替代品,例如不同品牌的矿泉水、面包、电脑等,在效用相差无几的情况下,理性的消费者定会选择价格便宜的商品,可替代的商品越多,消费者的选择就越多,竞争性就越大,企业就会想方设法降低成本,进而获取价格优势。对于生产商来说,之所以不同生产商的产品价格最终会趋同(准确地说是趋于长期边际成本),原因在于技术可替代性。竞争使商品价格趋同的过程实质上是生产技术趋同的过程,即先进的低成本技术会不断地被广泛应用。需要注意的是,生产技术的趋同只是一种趋势,而并非只有一种生产技术被应用,如果有两种生产技术的生产成本等同,两种技术就会同时存在,因为技术的可替代性相互拉低了各自技术的生产成本。[①]

[①] 这就是上文所说"价格趋于长期边际成本"的第二层意思,有利于引导不同生产技术的成本向长期边际成本趋近。

再看电力行业，尽管发电侧不存在生产技术的趋同现象，各类型发电机组都有自身的特点和优势，但不同类型机组之间仍具一定的替代性。例如基荷电量的生产，核电和火电之间就存在替代性，如果核电的市场需求没有那么大，生产成本高于火电（包括外部性评价），那么显然就没有建设核电的必要。再如系统调峰，水电机组和燃气机组的调节性较好，但煤电机组也不是不能调，只是调峰运行会造成更高的成本，不利于系统资源的整体优化，这本身就体现了替代性，如果水电和气电机组调峰运行成本更高，显然也就会被煤电所替代，也即是说煤电机组的成本制约了水电和气电的成本。[①]

由此可见，一个行业的生产技术可替代性越强，技术的趋同现象就越明显，竞争就越激烈，从而使得商品价格自发趋于行业长期边际成本。对于发电行业，在发电技术差异化的情况下，如果存在某一技术具有相对较强的替代性，能够对其他发电技术形成对比和参照，就有可能找到发现行业长期边际成本的简便方法。

（二）标杆成本及其决定因素

在竞争性市场中，商品价格会在市场机制的作用下自发趋于长期边际成本，长期边际成本作为市场竞争的结果，无须市场主体操心。但是在生产技术差异化的发电行业，现阶段又无法实现市场定价，政府价格管制的前提是具有行业长期边际成本的准确信息。在成熟市场经济国家，测算电力长期边际成本要以科学的电力需求预测和统一的系统优化设计为基础，而就我国目前的电力体制而言，进行科学测算并不现实。一方面，是我国终端销售电价尚未放开，且长期价格水平偏低，还存在工业用户与居民用户的交叉补贴现象，消费侧没有建立正常的价格反应或需求响应机制，进而无法进行科学的需求预测；另一方面，即使能够进行测算，也存在信息成本较高，测算结果不准确，以及政策调整滞后

---

① 这就是上文所说"价格趋于长期边际成本"的第二层意思，有利于引导不同生产技术的成本向长期边际成本趋近。

无法及时反映市场变化的问题。

为了在现有体制下解决发电行业长期边际成本的计量问题，本书提出"标杆成本"概念，作为行业长期边际成本的替代。所谓"标杆成本"，是指能够引导行业长期边际成本的生产技术的成本。如果某一类型发电机组的生产成本能够引导发电行业长期边际成本，那么该机组发电成本就可作为行业长期边际成本的替代，该类型机组可称为发电行业的"标杆技术"。因此，只要存在一种引导长期边际成本的"标杆技术"，测算出该技术所代表的"标杆成本"，对整个行业进行基于边际成本的价格管制就不是难事。

生产技术差异化行业的标杆成本由生产技术和资源禀赋决定，前者要求技术标准化、造价低、替代性强，能够实现大规模应用，后者要求原材料资源丰富、可获得性强，价格较低。具体来说，发电侧的标杆成本由以下几个因素来决定：

第一，技术具有标准化设计。也即是说该技术本身是趋同的，这也是测算该技术自身长期边际成本的前提。因为只有该技术的应用较为统一，才能计算出具有代表性的标准生产成本。如果像水电机组那样，每一座水电站的设计和技术都不同，无法形成标准化设计，也就无法测算出水电机组的长期边际成本，进而也就无法承担行业的标杆技术。核电机组亦是如此，国内目前的核电技术较多，自己又缺乏核心技术，形成统一的技术路线还有一定难度。

第二，技术成熟造价低。既然要引导整个行业的长期边际成本，该项技术就必须较为成熟且生产成本较低，否则就无法成为标杆。如果生产成本较高，自身就会被其他技术所替代，技术不成熟也就无法实现大规模应用，替代性大大降低。如风电机组，即使技术再统一标准，只要技术不成熟、成本降不下来，就无法形成大规模应用，更不用说引导行业的长期边际成本。

第三，技术替代性较强。替代性强是形成标杆成本的关键条件，发电机组的替代性受两个因素影响较大：环境要求和运行工况。其一，环境要求越低，替代性越强。如水电、风电等受自然环境影响极大，其替代性就很低，城市中如果想建一座发电企业，水电和风电的成本就不具有参考性。火电受自然环境影响极小，所有类型机组的所在地都可以建设火电，所以火电的替代性就较强，其成本就具有投资参考性。其二，能满足的运行工况越多，替代性越强。风电既无法基荷运行，也无法调峰，替代性最低；水电虽可基荷运行和调峰，但受到水量限制，稳定性略差；核电基荷运行是优势，调峰运行既有难度也有风险，替代性也不强；火电则既可基荷运行，也可调峰运行，也可提供辅助服务，虽然并非每一种工况都是优势，但技术上均可以满足，故替代性最强。

第四，原材料有保障价格低。发电行业的标杆成本受到一国资源禀赋的影响，代表标杆成本的生产技术通常要求原材料资源丰富、保障程度高，价格水平较低，且能源运输方便，可获得性强，从而在该区域的能源消费结构中处于主导地位。

第五，实现大规模应用。行业的标杆技术必须是该行业生产技术的主体，技术应用的比重较高，否则该技术的生产成本也就无法代表该行业的长期边际成本。因此，"标杆技术"相当于马克思所说的"正常的生产条件"，是指一定时期某一生产部门大多数生产者普遍使用的生产条件。也就是说，标杆技术本身就已经实现了大规模应用。

（三）我国发电行业的标杆成本

那么，发电侧哪种类型的发电技术可以代表标杆成本呢？根据上述标杆成本的决定因素，我国发电侧目前符合以上四项要求的只有燃煤机组。

第一，我国煤炭资源丰富，资源保障程度高，价格便宜。我国煤炭存量大、价格较低、运输方便，这决定了我国以煤炭为主体的能源消费结构，全国煤炭消费的55%左右用于电力行业。火电也一直是我国电力行业的发电主体，其中又以煤电为主导，2016年发电装机容量中，燃煤机组比重达到57.3%，占比接近六成，当属发电侧"正常的生产条件"①。

第二,煤电机组建设对环境要求极低,几乎在任何地方都可以建设燃煤电厂,能建水电、核电、风电等各种类型机组的地方都可以建设煤电厂,具有较强的替代性,对其他类型机组的投资建设提供了参考。而且煤电机组可以满足各种工况运行,尽管基荷运行不如核电、调节性能不如水电,但技术上均可满足需求。

第三,我国燃煤机组制造技术和项目建设运营能力已达到国际先进水平,技术发展较为成熟,具有统一的技术路线和标准设计,使得燃煤电厂的可复制性较强,适合大规模应用。近几年随着煤炭清洁化利用技术的不断进步,燃煤发电机组的废气排放不断下降,燃煤机组的环境负外部性也明显改善,这进一步提升了燃煤机组的适用性。

第四,燃煤机组发电成本较低,具有较强的经济性,从单位投资看,目前火电机组一般为4000元/千瓦、风电机组8000元/千瓦、水电造价近年来已突破10000元/千瓦、太阳能10000~12000元/千瓦。较低的投资成本有利于引导其他类型机组发电成本乃至行业长期边际成本的下降。

---

① 中国经济社会的发展,尤其是改革开放以来巨大的进步,煤炭起了巨大的作用。但是由于煤的大量应用,造成了严重的环境污染,尤其是PM2.5雾霾的污染,从而掀起一股"煤改气"的能源结构调整浪潮,此举实际上并不符合我国实际国情,有违我国能源比较优势。我国传统石化能源长期以煤为主,石油、天然气等优质花式能源相对不足,2016年,我国能源生产总量达到34.6亿吨标准煤,相当于1980年的5.5倍,年均增长4.8%,是世界第一大能源生产国,2016年我国能源消耗总量已达43.6亿吨标准煤,2010—2050年预测累计煤炭消费约为$1000×10^8$tce,煤仍是主力能源(tce/a:每年标准当量煤)。中俄燃气(中国和俄罗斯的天然气合作供应协议)380亿立方米,相当于2700万吨标准煤;我国的天然气储量为3600亿立方米,相当于2.6亿吨标准煤,已是极限。目前天然气的用量是煤的1/20,远期来看,天然气的用量仍将只是煤的1/15。2015年一次能源对外依存度15.8%,其中原油61.7%、天然气30.1%、煤炭4.9%。因此,在较长时期内,我国以煤炭为主的能源格局长期存在,煤炭仍然是我国电力行业的主要能源,其他替代能源只能是辅助能源,而不能成为主力。解决环境污染问题,正确路径在于煤炭的清洁利用,而不是简单的"煤改气"等替代能源。

因此，燃煤机组发电成本可以作为我国现阶段发电行业的标杆成本，[①] 从而为我国电力体制转轨期的上网电价设计提供了有利条件，既可以避免不同类型机组技术路线差异的干扰，又可以在煤电标杆价的基础上进行设计优化，充分利用现有改革成果，降低监管成本，进一步讨论详见第六章。

[①] 在美国，燃气机组技术较为成熟，造价比燃煤机组造价低，且天然气资源丰富，气价比煤价便宜，在新建的发电项目中以燃气机组为主体，所以燃气机组发电成本属于美国发电侧标杆成本。

第五章　我国电力体制转轨时期的上网电价管制实践

一、我国电力体制改革及上网电价管制的简要回顾

（一）我国电力体制改革历程的简要回顾

中华人民共和国成立以来，我国电力产业的发展大致经历了计划经济时期、市场化过渡时期和竞争性电力市场改革时期三个阶段，如表5-1所示。

第一阶段：1949—1978年的计划经济时期。这一时期的电力行业实行高度集权的管理体制，甚至实行军事化管理（文革时期），垂直垄断、政企合一是主要特点。管理机构也是根据国家战略需要几经调整，经历了燃料工业部、电力工业部、水利电力部的变更。[①] 因此在这30年中，我国的电力工业经历了燃料工业部、电力工业部和水利电力部三个时期，其中在燃料工业部和电力工业部时期，对全国电力工业实行集中管理的体制，进入水利电力部时期，经历了两次分散、两次集中管理，多年来始终未能摆脱"一分就乱，一收就危"的怪圈。电力投资方面主要是国家办电、统收统支，发输配售各环节的投资资金均由中央政府无偿拨付，经营收入也全额上缴国家财政，由政府统一安排支出。这一时期的电源结构以火电为主，但投资结构遵循"水主火辅"

---

① 水利电力部于1958年2月由电力工业部和水利部合并成立，在"文革"期间变更为水利电力部军管会和水利电力部革委会，实行军事化管理，"文革"结束后于1975年1月恢复水利电力部。

的方针，大力发展水电。①电价管制则实行政府统一定价，基于成本原则制定，由于电力产业结构属纵向完全一体化，这一阶段并无真正意义的上网电价，只是为了财务管理的需要而记录的会计成本核算。

第二阶段：1979—2001年的市场化过渡时期。这一时期的电力行业在管理体制上依然延续了政府的集中统一管理，但在其基础上进行了政企分开的探索。管理机构经历了电力工业部、水利电力部、能源部、电力工业部和国家经贸委的一系列变更。电力投资领域主要有两大重要改革：一是放松电力产业准入，实行集资办电；二是投资资金实行"拨改贷"。1985年国务院批准发布《关于鼓励集资办电和实行多种电价的暂行规定》，允许地方政府、民营资本和国外资本在发电领域的投资。1987年提出电力改革与发展"二十字方针"，即"政企分开，省委实体，联合电网，统一调度，集资办电"，这一时期在发电侧已经出现了独立发电厂，于1993年组建成立了中国华北、东北、华东、华中、西北等五大电力集团，独立发电厂的出现也标志着我国上网电价管制的开端，因为独立发电厂与电网企业不存在隶属关系，二者的交易属市场行为。② 投资资金主要来源于银行贷款，为了鼓励电力投资，这一时期遵循"谁投资、谁收益"的原则，允许新建电厂实行还本付息电价，以保障电力投资成本和合理利润的获取。1997年，在北京成立了中国国家电力公司，按照政企分开的要求，将电力工业部所属的企事业单位划归国家电力公司管理，国家电力公司作为国务院出资的企业单独运营，标志着我国电力工业管理体制由计划经济向社会主义市场经济转变，实现政企分开的历史性转折。

---

① 由于电力需求增长较快，中央政府投入资金跟不上电力工业发展速度，"水主火辅"投资方针下由于水电建设周期较长而放慢了电力行业发展速度，使得这一时期出现了较为严重的缺电现象。20世纪80年代以前，我国出现了三次缺电高峰，分别是1958—1960年、1970—1973年和1978—1979年。

② 这一时期独立发电厂的产生并没有实现发电侧的市场竞争，是因为电力工业部依然集发电、输电、配电和售电于一身，独立发电企业虽然独立于电力工业部之外，但通过签订长期售电合同将电能出售给垄断电力公司，并无竞争行为。

第三阶段：2002年至今的竞争性电力市场改革时期。该时期也即是本书所指的电力体制转轨时期，这一转轨时期可以分为两个子阶段：第一个子阶段是2002—2015年，以2002年电改5号文为起点，主要内容是"厂网分开、竞价上网、打破垄断、引入竞争"。2002年国务院印发的《电力体制改革方案》（简称5号文）指出，"十五"期间电力体制的改革任务是：实施厂网分开，重组发电和电网企业；实行竞价上网，建立电力市场运行规则和政府管制体系，初步建立竞争、开放的区域电力市场，实行新的电价机制。原国家电力公司拆分为两大电网公司（国家电网、南方电网）和五大发电集团（华能集团、华电集团、国电集团、中电投集团、大唐集团）。2003年成立国家电监会履行电力市场监管者的职责，实现"政监分开"。这一时期的电力管理体制呈现出多元化管理格局，由国家发改委、国资委、原电监会等多部门进行分工管理。产业结构通过发电与电网的分拆重组，实现了发电侧与原纵向一体化产业结构的分离，在发电侧建立了竞争性市场结构。然而改革至今，方案中提出的改革任务只完成了一半，即厂网分开，竞价上网由于电网企业重组分拆不彻底而无法继续推行。在电价监管方面，2004年出台了几个重要方案，一是出台了标杆上网电价，统一制定并颁布各省新投产机组上网电价；二是出台并实施了煤电价格联动机制，试图解决煤价波动与统一上网电价之间的矛盾，有效缓解了煤价大幅上涨导致的电企亏损。这一阶段的电力市场化改革虽然取得了一些进展，但是依然没有达到预期的目标和效果，反而产生了新的问题与矛盾，输配改革、竞价机制、区域电力市场等改革都还没有起步，输配售电领域由电网垄断经营，电力产品的供求双方没能形成联动机制，这就使得市场化改革效果大打折扣。

第三阶段的第二个子阶段是2015年至今，改革的主要内容是"管住中间、放开两头"。2015年，国务院印发《关于进一步深化电力体制改革的若干意见》，由于上一轮市场化改革已经实现了发电侧的厂网分开，此轮市场化改革的重点放在了售电侧改革，以促进电力交易市场化的推进。改革将通过竞争电价放开、配售电主体放开等改革，逐步培育多元的市场化竞争格局，打破电网公司的垄断格局。从电力体制改革的总体目标来看，9号文电改方案的目标与2002年5号文电改目标一致，都是以市场化改革为目标，但是9号文更加强调市场供应主体多元化，强调电力市场机制建立要与产业结构调整、节能环保、技术水平提升协同推进，因此新一轮电改与能源结构调整相结合。为了深入推进电力市场化改革，新电改主要侧重于两大领域的改革：一是输配电价改革，相继出台了《关于贯彻中发〔2015〕9号文件精神加快推进输配电价改革的通知》《输配电定价成本监审办法（试行）》《关于推进输配电价改革的实施意见》《关于扩大输配电价改革试点范围有关事项的通知》，并在全国多个省份进行改革试点；二是售电侧改革，发布与9号文相配套的《关于推进售电侧改革的实施意见》，指出要有序向社会资本放开售电业务，多途径培育售电主体，充分给予售电主体及其用户选择权，发挥市场发现价格的能力。"9号文丰富了电力市场建设的基本内容，但在政策落实上采取了保守的改革路径。"[①] 一方面，由于缺少结构重组的配合和专业成本规制的能力，独立输配电价改革的推进会很艰难，输配电价的核算和落地均比较困难；另一方面，售电侧改革的红利更多的是来自发电侧和电网环节让利，而非机制创新和市场化竞争，也会带来新的利益调整的隐患。

表5-1　中华人民共和国成立以来我国电力体制改革事件回顾

时　　间	电力改革事件
20世纪80年代	电力短缺成为制约经济发展的瓶颈
1978—1985年	国务院批转《关于鼓励集资办电和施行多种电价的暂时规定》推行"集资办电"，实施"拨改贷"，打破了单一的电价模式，培育了按照市场规律定价的机制
1987年	电力改革与发展"二十字方针"提出："政企分开，省委实体，联合电网，统一调度，集资办电"

[①] 冯永晟. 理解中国电力体制改革：市场化与制度背景［J］. 财经智库，2016(5).

续表

时　间	电力改革事件
1993 年	中国华北、东北、华东、华中、华西——五大电力集团组建成立
1996—1998 年	中国国家电力公司在北京正式成立，标志着我国电力工业管理体制从计划经济向社会主义市场经济的历史性转折
2002 年	国务院下发《国务院关于印发电力体制改革方案的通知》 中央决定设立国家电力监管委员会 新一轮电力体制改革："厂网分开，竞价上网，打破垄断，引入竞争" 原国家电力公司拆分为两大电网公司和五大发电集团
2003 年 7 月	国务院出台了《电价改革方案》，确定电价改革的目标、原则及主要改革措施
2004 年 3 月	出台标杆上网电价政策，统一制定并颁布各省新投产机组上网电价 国家发改委出台煤电价格联动机制措施
2005—2008 年	国家发改委会同有关部门制定并颁发：《上网电价管理暂行办法》《输配电价管理暂行办法》《销售电价管理暂行办法》 全国平均销售电价每千瓦时上调 0.025 元
2009 年	电监会发布《2008 年度电价执行情况监管报告》 发改委、电监会、能源局三部门发布《关于规范电能交易价格管理等有关问题的通知》 全国销售电价每千瓦时平均提高 0.028 元
2014 年	安徽、江苏、江西等十多个省启动"直购电"试点
2015 年 3 月	国务院印发《关于进一步深化电力体制改革的若干意见》，新一轮电力体制改革大幕拉开，确定的电改思路是："放开输配以外的竞争性环节电价，放开配售电业务，放开公益性和调节性以外的发电计划，交易机构相对独立、加强政府监管，强化电力统筹规划"（"管住中间、放开两头"）。
2015—2017 年	国家发改委发布《关于贯彻中发〔2015〕9 号文件精神加快推进输配电价改革的通知》《输配电定价成本监审办法（试行）》《关于推进输配电价改革的实施意见》《关于扩大输配电价改革试点范围有关事项的通知》《关于推进售电侧改革的实施意见》

来源参考："电改"大事记——回顾我国电力改革史，[N]. 新华网 http://www.news.cn/. 2015/4/1.

（二）我国上网电价管制实践的简要回顾

中华人民共和国成立以来，我国电价管制大致主要经历了全国统一电价、还本付息电价、经营期电价和标杆电价四个阶段。

1. 全国统一电价时期

全国统一电价主要实施于中华人民共和国成立之初到 1985 年之前，由于当时的计划经济体制，电力作为特殊行业，实行高度集中的管理模式。国有、垄断、集权、统一是当时我国电力体制管制的特点。具体来说，就是所有电力企业都是国家所有，实行垄断经营，由国务院行政部门集权管理，全国范围全行业实行统一规划、统一调度、统一核算、统一经营。因此，这段时期，我国采取的是全国统一的电价政策。高度集中统一的电力管理体制在中华人民共和国成立之初的电力工业起步阶段发挥了重要作用，使得我国建立了初步的电力工业体系。但是，随着经济高速发展，这种集权统一的管理体制逐渐暴露出明显的低效，使得我国电力投资严重短缺，全国各地出现"电荒"，电力工业发展滞后严重制约了国民经济的正常发展。

2. 还本付息电价时期

为了鼓励电力投资，我国于 1985 年后实施了多家办电、多渠道集资办电的政策，电价方面则实行了还本付息电价，并辅以燃运加价制度。还本付息电价，是指利用贷款建设的电厂或机组，在还本付息期间，按照成本、税金、具有还本付息能力和合理利润的原则核定上网电价和销售电价。燃运加价则顾名思义，指电价随燃料和运输价格的变化而做相应浮动，是一种电价联动机制。还本付息电价由于成本和利润均有保障，且成本回收较快，极大地刺激了社会投资热情，各种小火电、小水电快速发展，在较短时间内缓解了我国严重缺电的局面，但也出现了明显的弊端。其一，还本付息电价由于很大程度上受到个别投资成本的影响，结果是上网电价表现为"一厂一价"，甚至"一机一价"，极大提高了电价制定和管制的成本；其二，还本付息电价属于成本加成的价格管制方法，电力投资缺少成本约束，导致上网电价持续上涨；其三，一些地区为了追求短期利益，无规划地建设高造价、高能耗的小火电，既不利于电力行业整体的合理布局和规划，也造成社会资源的较大浪费。

3. 经营期电价时期

为了改变投资成本无约束的状况，我国于 1998 年以"经营期电价"取代"还本付息电价"。所谓经营期电价，即是根据所建电厂或机组的经营期限内收益率水平和社会平均成本核定的电价，具体核定时，按照合理补偿成本、合理确定收益和依法计入税金的原则进行。由于按社会平均成本定价，加强了成本控制意识，同时也统一规范了电力企业的资本金收益率水平，对于改善还本付息电价期间价格无控制的局面，起到了一定的作用。然而，无论是还本付息电价，还是经营期电价，都是计划特色的行政性定价，方法上均属成本加成定价法，成本加成对于鼓励电力投资，扭转我国长期缺电局面，起到了重要的积极作用。但随着电力供需关系和市场结构的变化，以及随着世界各国激励性管制理念的实践，成本加成已经不能适应电力行业的长期发展。

4. 标杆电价时期

20 世纪 90 年代，世界范围内掀起了电力市场化改革浪潮，我国也于 1998 年开始启动电力市场化改革试点，并于 2002 年全面实施"厂网分开、竞价上网"为目标的电力体制改革。发电环节从以前垂直一体化的电力工业组织结构中分离出来，资产重组成五大发电集团，以及一些独立发电企业，在发电侧形成了竞争性市场结构。为了与市场化改革相适应，上网电价在经营期电价的基础上，对新建发电项目实行按区域或省的平均成本统一制定标杆电价。2004 年，我国首次公布了各地的燃煤机组发电统一的上网电价水平，并在以后年度根据发电企业燃煤成本的变化进行了适当调整。标杆电价提前向社会公布，明确了电价水平，稳定了投资者的预期，有利于发挥价格信号作用。同时，标杆电价代表着区域内的社会平均成本，有利于促进区域内发电企业之间的公平竞争，鼓励发电企业降低造价成本，提高运行效率。因此可以说，标杆电价具有标尺竞争的效果。各种电价逐步归并后，新投资的项目受标杆电价限制，造价逐步接近，发电企业逐步站在同一起跑线上，有了竞价上网的现实基础，有利于向竞争性电力市场过渡。标杆电价还改变了过去"一厂一价"和"一机一价"的计划定价局面，降低了上网电价管制难度，实现了从个别成本定价过渡到实行社会平均成本定价的一个历史性跨越。

二、我国上网电价管制的现状

（一）上网电价管制主体与管制内容

为了保障《电力体制改革方案》的有效实施，国家对电力产业的管制机构作了新一轮的调整。2001年成立了电力体制改革工作小组，小组成员来自多个政府部门，原电监会成立后，该小组办公室设在原电监会。2003年国家撤销国家经贸委，将电力产业行政管理职能划归国家发改委和国资委，其中国资委履行国有资产出资人职责，国家发改委负责电力项目的投资审批和电价审批。2003年成立国家电监会，负责全国电力行业的管制，但由于电监会既不负责设计和领导整体改革进程，又不负责电价改革等核心内容的设计和执行，在电力体制改革中并不具主导地位。2008年成立国家能源局，接管了国家发改委有关能源行业的管理职能，由于国家能源局是副部级单位，在统一协调各部门的能源管制职能时显得力不从心，于是在2010年成立了国家能源委。2013年根据《国务院机构改革和职能转变方案》，将原国家电监会和原国家能源局的职责整合，重新组建国家能源局，由国家发展和改革委员会管理，国家电监会不再保留。

2018年国务院机构进行了新一轮的调整，重组设立自然资源部、生态环境部、应急管理部等国家机构，但是对电力监管职能的调整并没有大的变化。经过新一轮的管制机构调整后，目前我国电力行业的管制主体主要由国家发改委、国家能源局和国有资产管理委员会组成，除此以外，还有其他部门参与相关领域的管制，包括财政部、工商总局、环保总局和质监局等部门。管制内容主要涉及行业准入（项目审批）、产品价格（上网电价水平和辅助服务补偿办法）、运营效率和环保标准等，如表5-2所示。

表5-2　　我国电力行业主要管制主体及其职能

管制部门	主要管制职能
国家发改委	电力项目建设（含技改项目）投资审批、核准；制定电价政策；批复电价（不含跨区输配电价与辅助服务价格）；电价执行情况监督检查；对违犯电价政策行为处罚
国家能源局（含原国家能源局和原国家电监会）	管制输电、供电和非竞争性发电业务；电力业务许可证的颁发和管理；跨区输配电价审核与辅助服务价格拟定；供电质量与服务管制；普遍服务管制；电价执行情况监督检查；电力行政执法
生态环境部	电力环保管制，应对气候变化和节能减排
国家技术质量监督局	技术、质量、计量标准制定与监督
国资委	国有资产监督管理，包括国有企业业绩，任命和撤销高管人员，建立审计要求，批准重大决策等
国家工商总局	核定企业经营范围
财政部	企业财务制度监督，包括电力企业某些财务准则、成本标准等
其他	如国土部管制土地使用情况；城乡与建设部管制工程建设；水利部管制企业用水；国家税务总局制定税收政策等

（二）各类型发电机组的上网电价管制方法

我国现行上网电价管制办法在电价水平上以标杆电价为主，在电价结构上以单一电量制为主，与电能量市场并行的是辅助服务补偿办法，尚未建立辅助服务市场和辅助服务定价机制。按照不同类型电源机组进行分类，各类型机组的上网电价管制办法如表5-3所示。

表 5-3　　　　　　　不同类型发电机制上网电价管制办法

机组类型	上网电价管制办法
燃煤机组	单一电量制，实行分省标杆价，并与煤价联动
水电机组	单一电量制，大型（水利枢纽）电站单独核定，跨省销售由销区平均上网电价倒推，其他实行分类标杆价
抽水蓄能机组	尚未有统一政策出台，暂行主要方式为租赁制，少量的两部制和单一电量制
核电机组	单一电量制，过去建的"一厂一价"，以后建的执行全国统一标杆价，同时原则上不能超过当地煤电标杆价
燃气机组	尚未有统一政策出台，暂行方式为多种多样的临时价，较多单一电量制，个别两部制
可再生能源机组	单一电量制，基于成本（资源丰度）的分区标杆价

对于煤电价格联动，国家发展改革委 2004 年印发的《关于建立煤电价格联动机制的意见》规定，如果 6 个月内电煤出矿价的变化超过 5%，在电力企业消化 30% 的煤价上涨因素基础上，火电上网电价随之调整。[①] 从煤电价格联动的实践的情况来看，虽然多次满足以上规定的联动条件，但真正落实联动的只有两次，分别是 2005 年 5 月（销售电价平均每千瓦时上调 2.52 分）和 2006 年 6 月（上网电价平均每千瓦时上调 1.17 分），可见煤电价格联动机制的实践效果并不理想。2012 年 12 月 25 日国务院发布《国务院办公厅关于深化电煤市场化改革的指导意见》，意见提出完善煤电价格联动机制，当电煤价格波动幅度超过 5% 时，以年度为周期，相应调整上网电价，同时将电力企业消纳煤价波动的比例由 30% 调整为 10%。按照最新规定，电力企业消化的煤价波动成本更低，但是之后并没有实施过煤电联动。

对于辅助服务的补偿，根据原电监会 2008 年年底公布并实施的

---

① 调整标准=煤价变动量×转换系数，其中转换系数与供电标准煤耗、发热量、消化比例等因素有关，等于（1−消化比例）×供电标准煤耗×7000/天然煤发热量×（1+17%）/（1+13%）。

《发电厂辅助服务管理及并网运行管理实施细则》,将发电企业的辅助服务划分为基本辅助服务和有偿辅助服务两类,基本辅助服务是指"为了保障电力系统安全稳定运行,保证电能质量,发电机组必须提供的辅助服务,包括一次调频、基本调峰、基本无功调节等,基本辅助服务不进行补偿";有偿辅助服务是指"并网发电厂在基本辅助服务之外所提供的辅助服务,包括自动发电控制(AGC)、有偿调峰、备用、有偿无功调节、黑启动等,有偿辅助服务应予以补偿",如表5-4所示。

表5-4　　　　　　　目前我国并网发电厂辅助服务分类

服务类型	基本(无偿)辅助服务	有偿辅助服务	划分标准
调峰	基本调峰:发电机组在规定出力调整范围内,为跟踪负荷的峰谷变化而有计划的、按照一定调节速度进行的出力调整	有偿调峰:发电机组超过规定的调峰深度进行调峰,及火力发电机组按电力调度交易机构要求在规定时间内完成启停机(炉)进行调峰	是否超过规定的调峰深度或是否规定启停机时间
调频	一次调频:发电机组通过调速系统的自动反应,调整有功出力减少频率偏差	自动发电控制(AGC):发电机组在规定的出力调整范围内,跟踪电力调度交易机构下发的指令,按照一定调节速率实时调整发电出力,以满足电力系统频率和联络线功率控制要求	利用发电机调速系统还是另外安装自动发电控制装置
调压(无功)	基本无功调节:发电机组在规定的功率因数范围内,向电力系统注入或吸收无功功率	有偿无功调节:电力调度交易机构要求发电机组超过规定的功率因数范围向电力系统注入或吸收无功功率	是否超过发电机规定功率因数范围
备用	—	备用:为保证可靠供电,电力调度交易机构指定发电机组预留发电容量。备用分为旋转备用和非旋转备用。初期,只对旋转备用进行补偿	均为有偿备用

续表

服务类型	基本（无偿）辅助服务	有偿辅助服务	划分标准
黑启动	—	黑启动：电力系统大面积停电后，在无外界电源支持情况下，由具备自启动能力的发电机组恢复系统供电	均为有偿黑启动

资料来源：根据《并网发电厂辅助服务管理暂行办法》（电监市场［2006］43号文）整理。

2015年电改9号文发布以后，我国加快了完善电力辅助服务补偿机制、推进电力辅助服务市场化的工作，国家能源局于2017年11月发布了《完善电力辅助服务补偿（市场）机制工作方案》，并积极推进了各省各地区的电力辅助服务市场改革试点。

辅助服务补偿的资金源自对发电企业提供辅助服务情况的考核（所谓"考核"即"罚金"），实质上是一种发电企业间的利益调节或利益再平衡机制。首先由电力调度机构对发电企业提供辅助服务情况进行考核，达不到标准要求的机组则需要缴纳罚金，再将所缴罚金在其他提供辅助服务机组之间进行分配。一些地区以考核罚金与新投产机组试运行的电费收入之和作为辅助服务补偿来源，也有一些地区先确定补偿标准，再将总费用按上网电量分配给各发电企业。

（三）现阶段上网电价管制取得的成绩

我国电力市场化改革尽管在组织结构上只完成了厂网分开，仍处在电力体制转轨期，但就改革实践来看，还是取得了较为显著的成效。主要表现在电力投资的快速增长和机组造价的有效降低。

1. 积极引导了发电行业投资

电力工业是国民经济的先行行业，需要超前发展，不管是还本付息电价、经营期电价还是火电标杆电价，都有效促进了我国电力行业投资，基本改变了过去我国严重缺电的状态。尤其是实施电力市场化改革以来，电力投资增长速度明显加快。如图5-1所示可以看出，自2002

年实行厂网分开后,我国年度发电装机容量一直呈现出较快增长势头,2002—2016 年年均增长 11.5%,而 1993—2002 年年均增长率只有 7.7%。电力投资的快速增长主要基于两方面原因:一方面是由于发电侧引入了竞争性市场结构,各发电集团为了抢占市场份额,扩大企业规模,从而形成了争上项目的势头;另一方面是由于火电标杆价格对投资者形成了较为稳定的投资预期,刺激了发电企业的长期投资。

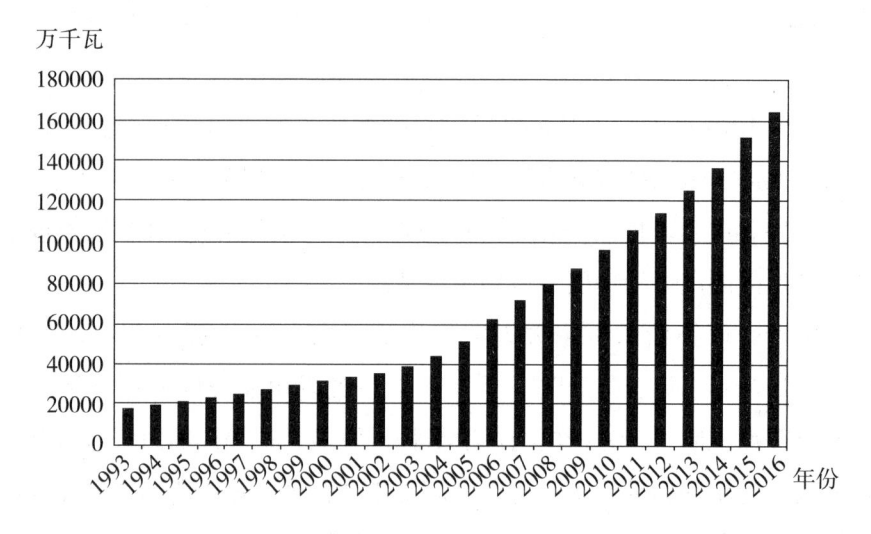

图 5-1　1993—2016 年全国发电装机容量

数据来源:国家统计局数据库。

2. 发电行业平均成本的整体下降

虽然我国尚未建成竞争性电力市场,但目前的过渡期仍然促进了电力行业的效率提高,主要体现在近几年的火电机组造价大幅度下降,由原来的每千瓦 6000 多元降到了当前的每千瓦 4000 元以下,降幅达 30% 以上。成本大幅下降的同时,技术指标也有了明显改进,不仅基本实现了国产化,而且火电发电技术已达世界先进水平。

取得如此效率的主要原因在于,实行厂网分开以后,火电机组建设的主要成本指标有了可比性,在尚未建立竞争性电力市场的条件下,各发电集团之间以及发电集团内部各电厂之间,形成了标尺竞争。此外,火电标杆价的实施也激励了发电企业降低成本，因为火电标杆价不以单个机组造价为依据，而是以区域内社会平均成本为基础核定，那么各发电企业只能够通过降低机组造价成本、降低能耗、提高运行效率来获得优势。因此，火电标杆具有标尺竞争效应。

三、当前上网电价管制存在的问题

（一）电价结构未成体系

我国当前的上网电价管制按电源分类核定，煤电、核电、气电、水电等各类型发电机组的上网电价，均是分别根据发电成本为基础制定，并未体现出不同类型发电机组之前的有机联系。

前文已经阐述过，电力系统的高协调性和高稳定性要求发电侧各类型发电机组具有明确的分工，并保持紧密的配合，因此发电机组之间存在着有机联系，体现在替代性和外部性两方面。替代性表现为任何一种电源的发电机组都并非不可替代，基荷电量除了核电也可由火电生产，调峰除了抽水蓄能也可由燃气电厂替代，部分辅助服务除了调节性能好的水电也可由一些火电机组来提供，可替代性使得每一类型机组的成本和电价有了可比性和参考系，合理的定价机制理应体现这种替代性。外部性表现为某类型机组的运行导致其他类型机组运行成本的变化，例如抽水蓄能的运行不仅使火电和核电的运行方式得到改善而降低了发电成本，也使输电成本降低而改善了电力系统成本，风电机组的并网增加了其他机组提供辅助服务的次数，提升了系统成本。如果只是基于各自类型机组的发电成本单独定价，就无法涵盖这种外部性成本。

（二）上网电价结构单一

目前我国的上网电价以单一电量制为主体，并未对电力产品进行区分。单一电量制是基于长期边际成本制定的发电企业平均电价，不做电量和容量费用的区分，也没有电能量和辅助服务的区分。尽管单一电量制存在简单易操作的特点，但其与电力市场化的产品定价机制是不相容的。在竞争性电力市场中，不同类型的发电机组，不仅性能有差别，提供的产品也各不相同，市场竞争的结果会将电力产品进行细化。显然单一电量制无法体现出不同类型电源的成本差异和效益差异。具体来说，单一电量制具有以下弊端：

1. 容量价值和辅助服务价值被低估

峰荷电源和基荷电源成本效益差别较大，峰荷电源容量效益高，电量效益低，而基荷电源电量效益高，容量效益低。因此，峰荷电源生产的主要是容量产品和灵活的调节性，如果简单地以电量计价，对峰荷电源显然不合理。除非将峰荷电源的电量定高价，将容量价格以电量价格来体现。[①] 此外，单一电量制也无法有效体现辅助服务价值，如调压调频、黑启动、旋转备用等辅助服务是不生产电能量的，自然也就无法通过电量价格来回收成本，现行的办法是对提供辅助服务的成本进行补偿，但是补偿标准通常无法收回成本，更不用说因提供辅助服务而获得收益。因此，在单一电量制下，一些机组的容量价值和辅助服务价值被低估了，这些机组因利用小时数达不到核价利用小时数而面临亏损，进而不利于企业间的公平竞争。[②]

2. 对发电企业行为有扭曲效应，不利于系统优化

单一电量制下，自然是运行小时数越高、发电越多收入越多。如此一来，只有基荷电源如核电是最大受益者，峰荷电源和以提供辅助服务为主的机组就不可能展开公平竞争，进而导致各发电商不顾电力系统的整体利益，只顾抢发电量，想尽办法多发电，而不愿去参加调峰，不愿意提供调频调相、备用等辅助服务，决定收益多少的只有一个标准，就是提高运行小时数。因此，单一电量制会扭曲发电企业的竞争行为，使

---

① 在竞争性电力市场中，峰荷电源的电量电价通常非常高，是因为此时的电价主要由需求决定，在短期需求高峰时段，只有调节性能好的机组能够满足峰荷需求，产品价值主要包含的是容量价值和机组灵活性。

② 例如广东 9E 型燃气机组的核价年利用小时数为 3500 小时（负荷率约 40%），而实际运行中该类型机组的年运行小时数只有 1300 小时左右（负荷率约 15%），若电价水平不作调整，亏损是无可避免的。

电网系统的最优调度难以实施，不利于电力系统的最优化运行。

3. 不利于向竞争性电力市场过渡

既然电力体制改革的目标是建立竞争性电力市场，那么过渡期或转轨期的上网电价体系就应该尽可能地接近竞争性市场的结果，形成电能量市场和辅助服务市场（包括容量市场）。有利于过渡的首要任务便是尽可能地按电力产品定价，将电量价值和容量价值以及辅助服务价值分离开来。以此为基础，在建立竞争性电力市场时，便可顺理成章地建立电能量市场、电容量市场和辅助服务市场。否则，在单一电量制下，就不利于下一步改革向竞争性电力市场过渡。

（三）现行辅助服务补偿办法不尽合理

现行的辅助服务补偿机制主要是发电企业之间的利益平衡，既缺少科学依据，又不具可持续性，主要表现在三个方面：

1. 补偿标准缺乏科学依据

我国现行的辅助服务补偿标准既水平较低，又缺乏科学依据。目前大部分地区的辅助服务补偿总费用标准只占到全部发电企业电费收入的0.2%~0.3%。如此设计的初衷，既想通过考核罚款来引起发电企业对提供辅助服务的重视，同时又担心考核费用过高对发电企业收入造成太大影响，结果导致在实际执行过程中的比例还达不到设计水平，例如华中电网2012年的辅助服务补偿总费用的占比只有0.077%。因此，以提供辅助服务为主的发电企业普遍认为补偿标准明显过低（据估算达不到实际成本的1/10），导致发电企业没有提供辅助服务的积极性，也不愿进行辅助服务投资。

2. 风电等可再生能源机组的接入和跨区输送电导致的辅助服务成本增加未被考虑

我国近年来风电等可再生能源机组投资较快，装机规模和比重大幅提高，但是这些机组的出力稳定性和调节性能均较差，不仅自身无法承担基荷、调峰、辅助服务等各种任务，反而接入电网后还需要其他机组为其增加调峰、调频、备用等辅助服务的数量。此外，我国一次能源的分布与用电需求呈逆向分布格局，为解决东部负荷中心的电力短缺，国家建设了西电东送输电工程，近几年又大力投产特高压输电线路，电能的长距离输送增加了对无功、联络线功率偏差调整等辅助服务的需求，从而导致一些调节性能好的机组参与系统调节的次数明显增多，成本也明显增加，但是目前仍未建立有效的辅助服务补偿机制，以上增加的为系统提供的辅助服务成本无法得到合理补偿，区域内部发电企业之间利益平衡机制也无法解决该问题。

3. 仅限于发电企业之间的辅助服务费用分摊机制不可持续

目前辅助服务费用分摊机制不具可持续性，主要体现在两个方面：一方面，辅助服务补偿的资金主要来源于发电企业，而且电网企业所属电厂、风电等可再生能源发电、三峡水电站等特殊电厂不参与辅助服务考核，费用分摊面较窄；另一方面，发电企业提供的辅助服务具有公共产品性质，目的是维持整个电力系统的稳定运行，为终端用户提供安全、可靠、合格的电力供应，因而其受益对象不仅是发电企业，也包括电网企业和终端用户，辅助服务费用为系统安全可靠所必须，一律由发电企业承担，既不公平，也因承担面过窄而难以为继，最终损害的还是消费者的利益。

（四）电价调整机制尚未建立

电价调整主要基于成本波动对发电企业运营的影响，包括原材料价格、机组造价、劳动力成本、利率因素等，价格调整机制是政府对公用事业价格管制的重要组成部分，而我国目前尚未建立完善合理的价格调整机制。主要表现在以下两个方面：

1. 价格调整成本未作可控与不可控的划分

我国目前的价格联动机制主要是上网电价与原材料价格的联动，以缓解原材料上涨对发电企业造成的成本压力。[①] 更准确地说，我国目前只有煤电价格联动的规定（尚不能称之为"机制"），现有规定是在不少于 6 个月的煤电联动周期内，如果煤价较前一个周期变化幅度达到或超过 5%，就进行电价调整，同时又规定，煤价上涨的 30% 要由发电企业自己消化。尽管要发电企业自己消化一定比例的成本波动，有利于鼓励企业降低成本，但是 30% 的硬性规定并没有理论依据。因为原材料成本对发电企业来说属于典型的不可控成本，如果煤价只涨 5% 或者涨幅在 10% 以内，企业消化 30% 也许尚可接受，但若煤价涨幅高达 20%~30%，甚至 30% 以上，显然就超过了发电企业自我消化的能力，因为技术在短期内不会发生大的变化，通过降低煤耗化解煤价上涨空间极小。

一方面，让企业消化部分成本波动有利于鼓励企业降本增效；另一方面原材料上涨 30% 由企业消化的硬性规定缺乏理论依据，造成这一尴尬结果的原因就在于，我国在上网电价管制过程中未将发电企业成本进行可控与不可控的区分。我国煤电联动只是对发电企业不可控成本的反应机制，对可控成本的调价机制则仍空缺。成熟市场经济国家的公用事业价格管制中，同时建立了可控成本与不可控成本的价格联动机制。对于不可控成本，及时予以全价疏导，对于可控成本，则按规定定期进行审核，并根据审核结果对价格进行相应的调整。如此一来，电价调整的最终结果是可控成本与不可控成本对电价的综合影响，最终电价调整的方向与幅度并非一定与原材料价格变动相一致。

2. 电价调整的配套规则未建立

政府管制行为要依据规则进行，电价调整之所以能成为一种机制，关键就在于建立一套系统完整的规则，主要包括价格调整的依据、价

[①] 未分可控成本与不可控成本也是造成我国煤电矛盾的重要原因，我国于 2002 年实行了煤炭市场化定价，电煤价格由电力和煤炭企业双方自由协商决定，而电力产品价格仍由政府管制，就形成了"市场煤"与"计划电"并存的局面，一边是煤炭价格随供求影响而上涨；另一边是电价固定无法疏导，使得煤电矛盾一直是影响电力企业正常生产和运行的重要因素。

调整的程序、价格调整的期限等，而我国目前的价格调整均没有明确的规定。其一，价格调整的依据模糊，只有煤电机组有价格调整的规定，而且只是对原材料价格的调整；其二，价格调整的程序不规范，行政特色浓厚，价格调不调由政府机构说了算，即使符合调价条件，政府也可不予实施，煤电价格联动的实践就是例证；其三，对于被管制企业的成本核定，国外通行做法是建立定期审核和调整机制，例如每5年进行一次审核，对于机组造价、劳动力成本、利率因素等导致的成本长期变化，要根据审核结果进行相应的电价调整，而我国并无定期审核的制度；其四，既然价格要随着成本的变化作出相应调整，那么就应该随着成本上涨而上调、随着成本下降而下调，但目前我国的电价调整只是对原材料价格上涨的反应，如果原材料价格下跌，就不再提及调整电价事宜，价格调整的条件并不完整。综上所述，我国上网电价的调整机制几乎处于空缺状态，使得电价调整无据可依，结果只能是混乱且低效。

（五）管制机构职责划分不合理

1. 管制行为法制化不健全

现代化政府管制是法制化管制，政府的任何管制行为都要依照法律和规则进行，西方国家在电力体制改革中均是立法先行，使得改革措施和管制行为都有法律保障和法律依据。然而我国的管制行为依然行政特色浓厚，管制手段多以"办法""细则""决定""通知"等政府文件的形式实施和贯彻，缺乏法制保障。政府管制缺乏法制化的后果表现在三个方面：一是管制行为缺少科学合理依据，因为在管制立法之前都要进行详细的论证和听证过程，经过严格讨论后的规则通常具有科学合理的理论依据，一旦形成法律规定，就必须按照规定执行，缺少法制程序的后果就是管制决策依靠领导拍脑袋，缺乏科学性是必然的；二是政策执行过程中存在朝令夕改，以及不贯彻落实的现象，例如2007年，在煤价累计涨幅已经超过5%的情况下，国家发改委却始终没有安排电价联动，被批评为"自己定的规则自己不执行"，导致五大发电集团意见颇大；三是为企业寻租提供了有利空间，正因为缺乏法制程序，才使得企业领导到政府部门跑项目、要政策成为常态，徒增交易成本。

2. 管制主体多元化，职能分散

我国在电力市场化改革之初，按照西方现代化管制理念中的管制委员会制度成立了国家电监会，然而电监会的管制职能却被其他多个政府部门所分散，管制权力受限，既有损管制效率，又不利于电力体制改革的推进。管制最重要的准入管制和价格管制权力均被国家发改委所掌控，丧失了投资审批权和电价制定权的电监会几乎形同虚设，无法实现有效管制。国家发改委在掌握上网电价制定权的同时，又将辅助服务的价格管制权留在了电监会，而电能量价格和辅助服务价格是有机整体，在价格管制中并不应该分离开来。而且在电价管制中，除了发改委，国家和地方物价管理部门也有诸多权力，一些由省级政府批准投建的电厂，在电价得到国家发改委批复之前，通常都有各地物价部门制定临时电价。可见，只上网电价的制定一项权力就存在多方管制的现象，较大地影响了电价管制效率。2013年国家电监会又被并入新成立的国家能源局，管制权力和职责进一步削弱，电力行业管制主体多元分散的局面仍无改观。

3. 投资审批制度缺陷对电力投资行为造成扭曲

我国的电力投资审批制度存在事权不匹配的现象，结果就会导致对电力投资行为的扭曲效应，并最终反映在电价上。电力投资项目审批制度的缺陷主要表现在以下两个方面：

第一，投资无约束，存在大量违规机组，先建厂后定价。主要原因有三：一是政府管制行政化浓厚，缺少法制约束，存在人为干预审批程序的空间，使得电力企业寻租成为可能；二是电力集团实力雄厚，寻租能力较强，为了抢占市场份额，纷纷跑马圈地，积极投建电厂，即使未得到政府批准，也先行建设，建成后再倒逼政府审批；三是地方政府默许，一些经济发达省份，如广东浙江江苏等，存在一定的电力紧张形势，地方政府为了缓解当地电力需求压力，同时为了刺激投资提高政绩，也会默许电力企业的违规机组建设。

第二，部分机组审批权与定价权分离，导致投资过度。例如，热电联产机组和部分风电机组的投资审批权下放至省级政府，而定价权则仍然保留在国家发改委，进而导致投资行为的扭曲。其一，省政府先以热电联产机组的名义批准建厂，而建成投产后，在实际运行中并非按照热电联产的方式运行。其二，对于风电投资，国家将风电项目审批权下放，由省级政府审批。同时，为了支持可再生能源的发展，国家又设立可再生能源发展基金，对风电项目进行财政补贴。省级政府审批投资，国家出钱补贴，最终结果必然是投资过度。

（六）外部成本内部化尚有较大空间

电力产业具有较强的外部性，主要体现在生态环境和社会效益上，而且各类型电源机组的外部性差别较大。煤电机组具有较强的负外部性，所排放的氮氧化物和硫化物是大气污染的主要来源之一；燃气机组的负外部性较弱，废气排放对环境污染的影响较小；核电机组等清洁能源机组则几乎没有环境污染问题；大型水电站除了发电之外，还具有航运、防洪、灌溉、养殖等社会功能，具有较强的正外部性。

然而现行上网电价政策还尚未将负外部性成本和正外部性收益充分内部化，不利于发电企业之间的公平竞争。因为就环境污染来说，清洁能源机组的环保优势相当于已经将环境污染的外部成本内部化，而煤电机组的负外部性则没有内部化，使得煤电机组的发电成本明显低估，清洁能源机组在竞争中自然处于劣势。

为了降低煤电机组的负外部性，从 2004 年开始，国家对安装脱硫设施的新建燃煤电厂采取了上网电价每千瓦时加价 1.5 分钱的措施，以调动煤电机组安装脱硫设施的积极性，但是效果甚微，没有达到预期目标，体现在三个方面：一是脱硫装置环保水平有限，无法完全解决煤电机组的环境污染问题；二是仍有大量煤电机组尚未安装脱硫装置，2011 年全国燃煤机组安装脱硫装置的比例只有 60%，安装脱硝装置的比例只有 15%；三是由于缺少系统、有效的管制办法和手段，已安装脱硫装置的燃煤电厂存在闲置或故意不运行脱硫设施的现象。近几年随着环境治理的力度加大，安装脱硫脱硝装置的机组比例明显提高，2017年已建燃煤机组脱硫、脱硝、除尘设施的安装比例分别为99%、95%和99%，但是这些外部性成本内部化后是否得到了合理分担，是否影响到了用电用户的消费行为，还有待研究。此外，虽然末端治理装置的安装使用比例已经达到很高，但是电力行业的废气排放比例依然较高，仍然是工业废气排放大户，说明电力清洁生产技术的研发和应用还有较大空间。

然而，外部成本内部化的程度与经济发展水平和居民收入水平密切相关，即居民是否愿意为更好的空气和环境支付更高的电价。如果社会经济发展水平较高，居民收入水平高，环保意识强，就可能愿意为优质的环境支付更高的电价，这样就可以更大程度地将外部成本内部化，例如增加清洁能源机组的比重，或者对煤电机组进行更高的技术改进；反之，民众如果不愿意为优质环境而支付更高的电价，外部成本内部化的程度就会大打折扣。

第六章　我国电力体制转轨时期的上网电价体系

一、指导原则与基本思路

（一）指导原则

1. 理顺价格关系，体现产品分类定价原则

在我国电力体制转轨期，发电机组从垂直一体化时期的工厂内部分工，转变为发输相分离时期的社会分工，发电企业成为独立市场主体，生产的物品成为独立商品在市场中进行交易，且大部分发电企业都是多产品生产。随着市场化程度的提高，电力产品细分已成必然趋势，上网电价作为电力产品的价值表现，理应尽可能地按产品定价，理顺价格关系。所谓理顺价格关系，即是产品价格能够准确体现产品的价值和成本结构。例如电能量产品与辅助服务产品具有不同的价值和成本结构，即使同是电能量，基荷电量、腰荷电量、峰荷电量的价值和成本结构亦是不同，甚至同是基荷电量，核电基荷电量与火电基荷电量亦具有不同的成本结构和外部性，这些不断细分的电力产品，理应具有各自不同的价格表现，否则就会"张冠李戴"，并对发电企业生产和电网调度造成扭曲效应。

2. 有利于引导电力系统和电源结构优化

市场经济中，价格信号引导着经济主体的行为决策，所以上网电价的设计要有利于引导发电企业生产、投资和电网调度行为的合理化，尽量通过价格机制自发实现电力系统运行和电源结构的优化。

引导系统运行优化可以从两个方面来体现：一方面发电机组既不能盲目地以发电为主，也不能只做辅助服务，而是根据机组特性和系统需要，两者兼顾，避免本适合提供辅助服务的机组在生产辅助服务中出现亏损，反而去争发电量；另一方面电网在调度过程中能够保持中立态度，按照系统需要进行最优调度，避免为了短期收益而进行不合理调度，徒增系统成本。例如，抽水蓄能的价值体现在顶峰发电和低谷抽水，若电网高峰售电的毛利润远高于平均购电成本，可能就会提高电网频繁调度抽水蓄能的积极性，既不利于抽水蓄能的合理利用，又增加了系统中其他机组的调峰和辅助服务成本，造成系统资源浪费。

引导电源结构的合理优化也主要体现在两方面：一方面，价格设计要使得不同类型发电机组在不同工况运行下都能够获得合理回报，且回报率大致相等，如果辅助服务得不到合理的回报甚至亏损，那就难免导致抽水蓄能或者常规燃气机组投资的减少；另一方面，价格信号引导企业在投资时充分考虑需求和成本因素，例如，有了燃煤机组标杆电价作参考，其他类型机组的投资成本就有了参照系，只有成本不高于可替代成本的情况下，项目投资才有经济性，如此就可以引导各类型机组投资成本趋于行业长期边际成本。

3. 有利于实现向竞争性电力市场过渡

我国已经确立了电力市场化的改革方向，最终目标是建成完善的竞争性电力市场。现阶段已经实现了"厂网分开"，在发电侧建立了竞争性的市场结构，可以说为竞争性电力市场建设提供了有利基础。在这样的过渡期背景下，上网电价体系的设计则要适应这种变化了的市场结构，不偏离电力市场化改革方向，尽可能地为下一步改革创造有利条件。既然要有利于实现向竞争性电力市场过渡，过渡期的上网电价体系设计就应该尊重市场原则，尽可能地模拟市场结果。一方面，上文已阐述过，在电力产品细分的基础上设计电价体系，理顺各机组类型产品的价格关系，建立起各类型发电机组之间的有机联系。另一方面，基于市场竞争的必然结果，上网电价水平要尽可能地接近行业长期边际成本。考虑到政府定价过程中难以精确计算发电行业长期边际成本的现实，电价体系的设计要促使价格水平向行业长期边际成本逼近，并有利于引导行业长期边际成本的下降。

4. 兼顾政府管制成本与收益的关系

政府管制行为在为社会带来收益的同时，也要社会为之付出成本。因此，在管制政策效果大致相同的情况下，具体方案的设计应尽可能地减少执行成本，实现以最小的管制成本获得最大的社会收益。因此，过渡时期上网电价体系设计应该现实可行、易操作。需要清醒认识的是，政府对完全细分的产品分别进行合理定价是不可能的，否则就没有必要建设市场经济，回到过去计划经济即可。一方面是因为产品种类纷繁复杂，分别制定价格政策难度太大；另一方面由于信息不对称，政府不可能完全获得所有产品生产成本的准确信息，即使存在获得准确信息的可能性，也必须支付高昂的信息成本。所谓易操作，一方面是要便于公众（尤其是各利益相关方）的理解；另一方面要便于有关各方职责的履行，减少沟通及管制成本，避免执行失误造成的损失。简而言之，上网电价管制的相关规则和方法应该在收益和成本之间做出权衡，并且也应尽可能的简单明了。

（二）基本思路

上网电价管制是我国电力转轨期必须面对和解决的现实问题，在政府无法实现最优定价又不得不依靠政府定价的前提下，本书在以上四项指导原则的基础上，选择了一种政府次优定价方案。该方案在既有的政策目标下，尽可能减少管制成本，既优于过去垂直一体化时期的状态，又尽可能地发挥当前过渡期现有产业结构的效率，进而维持一种现有制度背景下的最优状态，为下一步向竞争性电力市场过渡提供条件。具体来说，上网电价形成机制设计的基本思路包括以下三点：

1. 对电力产品进行粗分

对电力产品过于细分既不利于政府价格管制实践又没有必要，所以本书认为在电力体制过渡期对电力产品进行粗分更切实际。电力产品总体上可以分为电能量、电容量和辅助服务三种，其中基荷运行的机组以生产电能量为主，顶峰发电的机组价值主要体现在容量上，辅助服务则主要由调节性能好的机组来提供。此三种产品在竞争性电力市场中分别以电量价格、容量价格和辅助服务价格来体现。鉴于我国目前以电能量市场为主（单一电量制），尚未建立容量市场和辅助服务市场，又因为容量价值可以通过电能量（腰荷电量和峰荷电量）与辅助服务两类产品来体现，[①] 这样就把电力产品粗分为电能量和辅助服务两类。以生产电能量为主的发电机组，通过电能量价格获得收入，以生产辅助服务为主的发电机组通过辅助服务价格获得收入，以提供电容量为主的发电机组则将收入来源分为电能量和辅助服务两大块。如此粗分电力产品，既体现了按产品定价的基本原则，又降低了价格管制成本，对于产品的进一步细分，则在过渡到竞争性电力市场之后，交由市场去实现。

2. 采用标杆成本定价法

政府上网电价管制能够模拟市场结果的关键在于价格水平要基于行业长期边际成本，理论分析是如此，但是现实中却存在难以准确测算行业长期边际成本的困境，本书主张采取一种简单有效的替代办法，即标杆成本定价法。在第四章已经分析过，标杆成本可以作为行业长期边际成本的近似替代。

采用标杆成本定价法具有以下三大好处：①不受各发电机组技术路线的影响，使定价程序简化，更易操作；②具有价格上限制的激励作用，促使各发电企业自觉提高效率，引导各类型机组成本向行业长期边际成本趋近，且有利于刺激企业增效降本，引导行业长期边际成本下降；③作为价格信号引导电源投资的合理布局，因为只有成本低于或等于煤电标杆价的投资项目才具经济性，才能达到预期收益，也为政府在准入管制和项目审批中提供了经济性标准。

3. 以煤电标杆价作为基础电价

在我国，煤炭是发电行业的主要能源（全国煤炭消费的55%左右

[①] 容量之所以有价值就是因为其可以在高峰时段可以迅速调用进行顶峰发电，或者提供备用等辅助服务。

用于电力行业),煤电机组是我国发电机组的主体(装机容量比重达65%左右),且煤电机组技术成熟,标准化高,受环境影响小,可以实现各种运行工况,替代性强,完全符合发电侧标杆成本的标准条件。所以本书将以煤电标杆价为基础电价进行上网电价体系设计。煤电标杆价是我国当前上网电价的主要形式,也被视为我国长期以来电价管制的重要成果,在此基础上进行优化调整,既可以巩固现有改革成果,易于被利益相关方所接受,又可以避免推翻现有体系、重新设计电价方案而造成改革成本过高。

目前各地执行的煤电标杆价表现为单一电量价格,相当于各种产品的综合价格。对于煤电机组初始投资时的容量,大部分用于生产电能量,少数则用于提供辅助服务,所以煤电标杆价包括电能量和一部分辅助服务价格。对于产品特性与煤电机组相似的机组,根据运行方式和成本差异在煤电标杆价的基础上进行增减因子调整;对于产品特性与煤电机组差异较大的机组,则在煤电标杆价的基础上增加辅助服务价格,以"产品型"两部制的形式设计。最终的设计结果是使得各类型发电机组的回报率大致相等,并且通过煤电标杆价建立起各类型发电机组的联系。

二、我国电力体制转轨时期的上网电价体系设计

(一) 抽水蓄能和调节性能强的水电机组

抽水蓄能和调节性能强的水电机组因其较强的灵活性,通常以提供辅助服务为主,电能量并非主要产品(除非在汛期,考虑到库容限制和安全因素,也为了减少弃水造成的资源浪费,水电站也带基荷运行)。辅助服务的重要作用在于时时刻刻维持电网系统的平衡与稳定,因此对于机组的可调性或者说灵活性要求较高,也是该类机组的价值所在。

1. 产品特性

抽水蓄能和调节性能强的水电机组生产的产品有两大类:一类是峰

荷电量，峰荷的特点是变化快，具有时间和数量的随机性，因此峰荷电源机组需要具备较高的应变能力。一般而言，电力系统需要峰荷电源运行的时间比例为12%~15%，所以提供峰荷电量的机组负荷率都较低，单位发电成本较高。另一类产品是辅助服务，具体包括调频（AGC）、调相（无功调节）、备用和黑启动等。[①] 所谓调频，是适应电力负荷的微小变化来调整发电机有功出力，将系统频率保持在合格范围之内，因此也称为负荷跟踪。调频要求机组出力调节速度快、变化范围大，适应负荷变化的能力强，通常由抽水蓄能和调节能力强的水电提供。调相是指通过调整发电机无功出力，将系统电压维持在合格的范围内。备用是指系统在满足最大负荷需求外，为保证安全稳定运行和提高电能质量而储备的有功功率，用于及时纠正发电或输电事故引起的供需不平衡，其本质特征是机组的响应速度，包括启动时间、带负荷能力等。因此，提供备用的机组也需要具备启停迅速、工况转换和调节速度快、适应负荷变化能力强的特点。黑启动是指机组在系统发生大面积停电后无电源情况下的快速启动，可带动其他发电厂的动力装置，逐步恢复整个系统内的电源供应。虽然黑启动在正常情况下启用的概率很小，但对系统的可靠性却至关重要。一般抽水蓄能电站和调节能力强的水电站在设计时均要求具备黑启动功能，能够在2分钟内从启动到带满负荷，使系统运转迅速得以恢复。

2. 机组运行方式

为了生产峰荷电量和辅助服务，相对其他发电机组来说，该类发电机组的运行工况较多，运行方式也较为复杂，主要有以下四种情况：

第一种是机组频繁启停，提供启停调峰。由于系统需要峰荷电量的时间较少，峰荷机组通常需要频繁的启停，甚至是日起停。例如湖北某梯级水电站在2009—2012年期间累计开机7912次，折算到每台机组为

[①] 实际上调峰也属于辅助服务的一种，如此一来该类机组就只提供一种类型产品即辅助服务，只是调峰运行产品以峰荷电量来体现，其他辅助服务则不以电能量的形式体现。

180 次/台·年,[①] 而同区域内火电机组单机年均启停 2.5 次。抽水蓄能同样需要进行频繁启停,其结果是运行小时数偏低,抽水蓄能的年利用小时数只有 1000 小时左右。

第二种是机组负荷频繁变动,参与调峰调频。为了满足适应电力系统负荷变化的需要,参与调峰调频的机组通常需要负荷的频繁变动,部分水电机组的 AGC 投运率达 100%,机组负荷在零至满负荷之间频繁变动(即深度调峰),如湖北某水电站单机月均深度调峰 250 次左右。

第三种是长时间小出力运行,提供旋转备用和进相调压。小出力运行既是为了提高机组的相应速度,能够在紧急情况下立刻提高负荷发电,同时也可以为系统进行调相,吸收无功调节电压。机组小出力运行时几乎不生产电能量,却需要占用机组容量、耗费原材料等成本。通常抽水蓄能和调节能力强的水电站小出力运行的时间较长,如湖北某梯级电站中的两个电站在单机额定功率 30% 以下小出力运行的时间,占全部运行时间的比例分别为 43% 和 34%。

第四种是事故备用及黑启动服务。基于较好的调节能力和较快的响应速度,水电机组通常承担着电力系统事故备用任务和黑启动服务,日常运行情况较少,但提供的是无形的安全保障,为了保持较高的保障能力,通常需要定期的检查和测试。

3. 运行方式对成本的影响

发电机组通常在保持稳定较高负荷运行时达到最优工况、经济性最好,如果运行工况越多越复杂,对机组运行成本的影响就越大。因此,参与调峰和提供辅助服务的机组成本受工况的影响较大。如果增加的成本无法通过现有渠道获得合理补偿,就会降低机组提供调峰和辅助服务的积极性。复杂的运行工况对该类型发电机组的成本影响主要表现在以下四个方面:

---

① 本章机组运行的相关数据,如无特别说明,均来自实地调研,下同。

一是固定成本投入增加。辅助服务需要投入特定的固定成本，包括机组和变压器容量投资，AGC 装置、黑启动装置等专用设备投资，与纯发电机组相比，这些投资是辅助服务的专用性固定资产投资。

二是原材料成本增加。提供辅助服务会引起机组原材料成本的增加，一方面是因为一些辅助服务需要消耗原材料，例如水电机组在长期小出力运行的情况下，会提高发电耗水率，意味着同等水量下发电量减少；另一方面是由于单位能耗的增加，如机组频繁调节负荷而偏离最优工况时，导致单位产出的能耗增加，进而导致燃料成本支出的增加。

三是设备技改及维护投入增加。机组运行工况的频繁变化，会加剧设备磨损，电气老化加速，增加机组故障率，缩短机组寿命。因此，为了提高机组设备的健康水平，会导致日常维护、检修维护和技术改造的成本明显增加。

四是机会成本。一些辅助服务如频率调整、旋转备用、无功调节等，与电能量存在替代关系，在提供这些辅助服务的同时无法生产电能量。发电企业为提供辅助服务而减少的电量收入或增加的电量亏损，就是辅助服务的机会成本。机会成本的大小决定了发电企业在生产电能量和提供辅助服务之间的资源配置，如果提供辅助服务获得的收入低于机会成本，发电企业就会想方设法转向电能量生产。

4. 上网电价形式设计

在竞争性电力市场中，调节性能好的发电机组收入是多元化的，例如英国电力市场，抽水蓄能电站的主要收入源自三条渠道：一是电能量的双边交易，即利用谷、峰电能转换获取收益。在竞争性市场中，峰、谷电价相差通常较大，有利于抽水蓄能电站通过低谷抽水、高峰发电获得发电收入。二是平衡市场。电力双边交易市场的核心是"平衡机制"，无论是发电还是用电，只要未按合同运行者，均须为不平衡责任付费。付费标准由平衡市场的实时价格决定，平衡服务价格通常很高。抽水蓄能电站可根据系统平衡的需要快速增、减负荷，从而获取平衡收入。三是辅助服务。① 电站既可与系统操作机构直接签订长期合同,也可参与辅助服务的集中招投标。如英国迪诺威克抽水蓄能电站总收入中,上述三种来源的收入各占 1/3。

由于以提供辅助服务为主的发电机组基本功能是生产峰荷电量和提供辅助服务,由于我国尚未建立竞争性电力市场,更无所谓平衡市场,所以该类机组的收入只有电能量销售和辅助服务提供两条渠道。基于按产品定价的原则,抽水蓄能和调节能力强的水电的上网电价形式可以采取"产品两部制"②(刘树杰、杨娟,2009),价格结构为:电量价格 + 辅助服务综合价格。其中,电量价格根据所在区域以提供电能量为主的煤电机组标杆价为标准核定,辅助服务价格采取综合价格的形式,为降低政府监管成本,不再对各类辅助服务产品分别具体定价,而是以集成产品定价,发电企业除电能量收入之外所有未平衡的支出部分,全部作为辅助服务的合理收入加以安排。据此,抽水蓄能和调节性能好的水电机组的上网电价具体计算公式如下:

---

① 实质上第二条"平衡收入"也属于辅助服务收入的一种,可以将第二条和第三条收入来源分别称为"应急性辅助服务"和"协议性辅助服务"。

② 目前一些地方采取的两部制电价将上网电价分为电量电价与容量电价两部分,电量电价以变动成本为基础,容量电价以固定成本为基础,该方法采用的是传统的会计成本分配方式,是一种"成本切割型两部制","产品型两部制"的提法为了与之进行区别。"成本切割型"两部制虽然已经有了电力产品分类定价的思想,一定程度上克服了"单一电量制"的弊端,但仍有需要改善的地方。

第一,该两部制仍未准确体现辅助服务产品价值,因为容量成本并不能等于辅助服务成本或价值,辅助服务价值除了体现在容量价值外,还体现在其调节性能上,优质调节性能的背后需要成本支出,如机组磨损增加的维护费用和能耗上升增加的燃料费用等,此外还有放弃发电收入产生的机会成本。因此该两部制并不完全适用于以提供辅助服务为主的发电机组,适用性有限。

第二,该两部制没有解决多产品生产时的成本分摊问题,因为电能量生产既耗费变动成本,也耗费固定成本,而备用容量顶峰发电,以及提供旋转备用辅助服务时,也要耗费变动成本。"产品型两部制"与"成本切割型"两部制虽然在形式上相似,但是其内容有着本质差别。"产品型两部制"的两部分价格,对应的是各自产品的全部成本,包括全部的固定成本和变动成本;而在"成本切割型两部制"中,容量电价只对应大部分固定成本,电量电价包括全部变动成本和部分固定成本。重要的是,"产品两部制"可充分利用现阶段我国上网电价改革的成果,使"两部制"的电价设计更接近经济运行实际,在此基础上进行财务平衡,可大大提高成本分摊的科学性。

> 上网电价＝电量价格＋辅助服务综合价格＝所在地区煤电机组（脱硫）标杆价[①]
> ＋（年准许收入－发电收入）/合同容量
>
> 其中：
>
> （1）电量价格依据机组生产的是否峰荷电量进行峰谷电价调整，如抽水蓄能生产的通常是峰荷电量，则电量价格为煤电机组高峰时段上网电价。[②]
>
> （2）年准许收入＝核价年准许收入＋辅助服务综合增量成本；核价年准许收入即指现行上网电价核算时对应的年准许收入，辅助服务综合增量成本是指现行上网电价核算时未考虑到的各项辅助服务变动成本，可以各电站多年平均实际成本为依据确定。
>
> （3）发电收入＝电量价格×多年平均上网电量；多年平均上网电量以立项依据的年均发电量为准。

注：[①]对于没有煤电机组或者煤电机组比重低的地区（如北京），以所在地区电网平均购电价格替代；跨区域送电的机组以用电地区平均购电价格倒推计算，下同。

[②]煤机高峰上网电价＝煤电标杆价×售电价格峰、平系数。

（二）燃气机组

1. 产品特性

燃气机组的产品也由电能量和辅助服务两类组成，但以提供电能量为主。由于具有相对较强的灵活性，燃气机组主要生产腰荷电量和峰荷电量，辅助服务主要包括负荷跟踪和低负荷备用等（火电机组一般不设计黑启动功能），由部分型号的燃气机组（如9E机组）提供。燃气机组的产品特性由其技术特性和燃料成本决定，一方面燃气机组造价在5000元/千瓦左右，与燃煤机组相当；另一方面天然气价格较高，占到发电成本的70%以上，固定成本低变动成本高的成本结构使得燃气机组闲置成本较低，灵活性强使其适于承担调峰任务，腰荷和峰荷电量的市场评价又较高，正所谓"好钢用在刀刃上"。

2. 运行方式及对成本的影响

燃气机组的运行方式主要是调峰，兼以低负荷备用。调峰运行对发电机组的运行小时数影响较大，其中常规燃气机组由于经常进行日起停而导致运行小时数大幅度降低。例如，上海的9F机组发电小时数在2500小时以内，9E机组仅500小时左右；浙江的常规发电机组利用小时数在3000小时以内；江苏的常规发电机组设计利用小时数为3500小时（在气源充足的情况下才可达到5000小时）；广东的9E机组发电利用小时数在2000小时以内。

调峰运行和提供辅助服务通常要产生较高的成本，对该类机组的收入影响较大。一方面相对于其他不提供辅助服务的机组而言，该机组因维持灵活性而损失了一部分发电收入（机会成本）；另一方面在减少发电收入的同时，又因工况变化而引起的维护成本和燃料成本的增加，以及辅助服务专项投入。如果该类机组与其他不提供辅助服务的机组执行同样的煤电标杆价，将会造成该类机组的亏损，因此有必要对该类机组的上网电价进行一定调整。

3. 上网电价设计

燃气机组的产品价值主要体现在灵活性和容量上，由于容量的使用主要是生产腰荷电量和峰荷电量，因此其灵活性价值和容量价值也可以通过电量收入来体现。由于目前的煤电标杆价已经包含发电成本和部分辅助服务成本，因此，燃气机组的上网电价只需要在原有煤电标杆价的基础上，对因调峰运行引起的成本上升和因提供辅助服务而额外增加的成本进行调整即可，由于调峰在本质上也是一种辅助服务（容量备用），可以将调整的成本统称为"辅助服务调整因子"，故该类机组的上网电价形式为：

上网电价 = 电量价格 + 辅助服务调整因子

（1）电量价格 = 所在地区煤电机组（脱硫）标杆价

（2）辅助服务调整因子由煤电标杆价之外另增的辅助服务成本构成。主要包括三类：A - 因容量占用而使发电量少于合同或计划电量所造成的减收，相当于为提供额外辅助服务的机会成本；B - 额外增加的专用及配套设备投资（如AGC设备投资）；C - 机组运行工况变化导致的维护及能耗增加等费用

辅助服务调整因子中的各种成本可分别由可用容量价格和调用电量

价格来表现，其中可用容量价格补偿发电机为提供辅助服务保持一定容量在一定时间内可用的成本，包含固定投资成本和容量被占用的机会成本（A+B）；调用电量价格补偿辅助服务实际被调用而发生的变动成本（C）。具体计算公式为：可用容量价格＝（A+B）／（可用容量×占用时间）；调用电量价格＝C/实际调用电量。

（三）核电机组

1. 产品特性

核电机组由于调节能力较差，既无法提供辅助服务，也不适合承担调峰任务。较高的固定成本比重意味着闲置成本极高，只能以基荷方式运行才能体现其经济性。因此，核电机组只生产电能量一种产品，优势在于为系统提供可靠稳定的基荷电能。稳定可靠是核电机组电力产品的主要价值所在。

2. 运行方式及对成本的影响

核电在电力系统中通常作为基荷电源运行，基荷电源通常具有以下特征：一是负荷因子高，一天24小时连续稳定运行，除非计划检修及事故情况下才停止运行；二是单机容量较大，有利于发挥规模效应；三是发电燃料供应充足；四是前期投资成本较高，边际成本较低，整体成本由于利用率高而被拉低；五是启动时间长、机组灵活差。

核电无疑是基荷电源的最优选择，由于其特殊的反应堆发电方式，频繁改变反应状态既程序复杂成本高昂，又具有核泄漏事故等安全隐患，故不宜频繁调整负荷，而且核电固定成本较高、变动成本较低，核燃料永续不竭供应充足，所以只有基荷运行才能体现经济性。例如广东电网中的核电机组，除台风、暴雨等特殊情况外，机组都可连续运行，不包括检修时的负荷率高达99%，实际利用小时数约7700小时，负荷率约88%，高于核价负荷率8个百分点。

对于承担基荷运行的核电而言，稳定的运行方式对成本下降是利好因素，较高的利用小时数不仅对发电收益有保障，使风险成本降到最低，而且可以避免机组工况复杂导致的维护成本。核燃料体积小密度高，一年的核燃料只需一航次飞机即可完成运送，燃料消耗速度慢、燃料成本比重低，也使核电机组受原材料价格波动的影响较低。因此，核电机组作为基荷电源，收益情况在系统各类机组中属于佼佼者。

核电机组对系统集成成本存在两个方面的影响：一方面是基荷电量成本下降拉低了整个系统的平均发电成本；另一方面是为了维持负荷稳定而增加了系统的辅助服务成本，从而又提高了整个系统的平均发电成本，两个影响的综合结果是促进整个系统平均发电成本的下降，否则就没有建设核电的必要。对于系统集成成本的影响，提供辅助服务为主的抽水蓄能和调节性强的水电已经做了电价结构调整，这里只需对核电机组自身的价格水平进行调整即可。

3. 上网电价设计

由于核电机组只生产基荷电量一种产品，因此单一电量制对该类机组而言是名副其实，其电价形式仍采用单一电量制，只需考虑运行情况和外部性差异等因素进行调整即可，故核电机组的上网电价形式为：

上网电价 = 电量价格 + 调整因子

（1）电量价格 = 所在地区煤电机组（脱硫）标杆价

（2）调整因子由两部分构成，第一是负荷率变化引起的成本增减，对于基荷运行机组，是负荷率提高减支，即负荷因子高于煤电机组而导致的固定成本减少；第二是其他外部性价值，指不包括脱硫的其他环保价值，主要包括脱硝和二氧化碳减排的价值

因此核电机组上网电价进一步调整为：

上网电价 = 所在地区煤电机组（脱硫）标杆价 − 负荷率变化引起的
　　　　　成本减支 + 其他外部性价值

考虑到核电与煤电机组的技术路线不同，负荷率变化引起的成本增加可以按照煤机相应负荷因子下测算的标杆价（脱硫）来衡量，基荷运行机组如核电的电量价格可以用负荷因子80%的煤机（脱硫）标杆价替代。此外，脱硝价值为我国目前煤机的脱硝成本，二氧化碳减

排价值按国内外二氧化碳排放权交易市场上的平均价格计算的每千瓦时煤电的碳排放成本。因此，该类机组上网电价形式可进一步调整为：

上网电价 = 煤机最高负荷因子(脱硫)标杆价 + 其他外部性价值

其中，其他外部性价值 = 煤机脱硝成本 + 按国内外二氧化碳排放权交易市场上的平均价格计算的每千瓦时煤电的碳排放成本。不同负荷因子下的燃煤机组上网电价如表6-1所示。

表6-1　　　　　　不同负荷因子下的燃煤机组上网电价

单位：元/千瓦时

负荷因子	年发电利用（千瓦时）	上网电价（元）
0.63	5500	0.416
0.70	6132	0.395
0.75	6570	0.383
0.80	7008	0.373

数据来源：刘树杰，杨娟等．核电价格形成机制研究（下）[J]．中国物价，2006（11）：21．

注：设定煤耗为标煤335克/千瓦时，到厂标煤单价为630元/吨，单位燃料成本为0.216元/千瓦时。

（四）热电联产机组

热电联产是既生产电能，又利用汽轮发电机作过功的蒸汽对用户供热的生产方式，即同时生产电、热能的工艺过程，可以提高资源利用效率，具有明显的环保优势。热电联产机组按供热用户可以分为两类：一类是居民供热，主要集中在需要冬季供暖的北方城市中；另一类是企业供热，主要集中于一些工业园区和制造业比较集中的地区，给造纸、钢铁、化学工业企业供热。热电联产属于分布式能源站的一种，根据传统分布式能源站的定义，严格来说发电是不上网的，从而并不存在上网电价的问题。但我国情况特殊，热电联产发电也要上网，而且随着热电联产电网接入的技术障碍得以解决，国际上的通行做法也是允许分布式能源站将多余电量卖给电网，故分布式能源站的上网电价问题也是不可避免的。

1. 产品特性

热电联产机组属于典型的多产品生产机组，具有明显的范围经济，产品分为电产品和热产品两类，其中电产品又包括电能量和辅助服务。不同类型热电联产机组的产品特性有所差异，给居民供热的联产机组生产具有季节性差异性，在冬季，热电联产机组为了持续供热需要稳定运行，产品以热能和基荷电量为主；在夏季，该机组没有供热任务，运行方式与其他非联产机组相同，产品主要为电能量和辅助服务。给企业供热的联产机组则不存在季节性差异，产品主要为热能和基荷电量。

2. 运行方式

热电联产机组的运行方式根据是否处在供热期分为两类，在供热期，运行方式为"以热定电"，即运行方式根据热需求来调整，为了保持供热稳定，供热期的联产机组通常是基荷运行，例如居民供热机组在冬季、企业供热机组在全年均保持基荷运行。

在非供热期，联产机组与非联产机组运行相同，由于联产机组通常容量小，灵活性较强，以燃气机组为主，主要用于电网调峰和提供少量辅助服务，因此运行方式主要是启停调峰，部分机组承担少量的调频、旋转备用等任务，居民供热机组在夏季就属这种运行方式。

3. 运行方式对成本的影响

热电联产机组只有在"热电联产"的情况下才能体现出范围经济性，即联产成本要低于分别供热和供电的成本之和，所以热电联产机组具有明显的成本优势，表现在三个方面：一是"以热定电"利用小时数高，使得单位固定成本下降；二是运行工况稳定，使得机组维护成本下降；三是热电联产提高了燃料利用效率，降低了单位能耗。但是在非供热期，该机组的成本就会发生较大变化，一方面是以热电联产技术来纯供电，没有体现出范围经济性，发电成本定会高于非联产机组；另一方面是由于运行工况的复杂多变导致机组维护成本上升和单位能耗上升。因此，基于是否供暖期机组的产品特性和成本结构差异，需要对联产机组的上网电价进行分类设计。

热电联产机组定价的关键问题是共同成本分摊，而且固定成本和变动成本均需要进行分摊。为了使成本在热、电产品之间进行合理分摊，首先需要明确热、电产品的关系。从投资目的看，建立热电联产的前提要求是具有密集且庞大的供热需求，例如较大规模的工业园区及人口居住密集区，这样才能达到充分利用资源的目标，否则就没有建立热电联产的必要。而且热电厂因为与供热紧密联系而降低了灵活性，以热定电的运行规则就是供电服从供热的表现。因此可以说，热电联产的主产品是供热，供电是其副业。由于供电的成本和价格存在参考系（标杆技术），所以依据机会成本定价思想，电价可根据非联产机组的平均电价作出合理调整，再根据合理利润率倒推发电成本。因此，对于居民供热的联产机组，其容量成本分为两部分，供热期间，除去电价中包含的容量成本（分摊比例由企业根据具体生产实际情况自行决定），剩下的由热分摊，非供热期间则由电承担。

4. 上网电价设计

热电联产机组可根据是否"以热定电"分为两组分别设计上网电价。"以热定电"机组提供的产品主要是基荷电量，其运行方式和产品特性与以提供单一电能量产品的核电机组相同，故该类机组的上网电价形式依然为：

"以热定电"联产机组上网电价 = 电量价格 + 调整因子

（1）电量价格为所在地区最高负荷煤电机组（脱硫）标杆价

（2）调整因子视机组燃料而定，若是燃煤热电联产机组，则无需调整，若是燃气热电联产，则调整因子为其他外部性价值，为煤机脱硝成本与碳排放成本之和

非"以热定电"机组的运行方式和产品特性与以为系统调峰运行和少量辅助服务的燃气机组相同，故该类机组的上网电价形式为：

> 非"以热定电"联产机组上网电价＝电量价格＋辅助服务调整因子
> (1) 电量价格＝所在地区煤电机组（脱硫）标杆价
> (2) 辅助服务调整因子由煤电标杆价之外另增的辅助服务成本构成（主要包括的内容与燃气机组相同）

（五）可再生能源机组

可再生能源机组如风电、光伏发电等，现阶段技术尚不成熟，具有运行不稳定的特点，受自然因素影响较大，可谓"靠天吃饭"。例如风电，在系统需要电量时可能无风可发，在系统电量过剩需要压负荷时又可能因风大而大量发电；光伏发电也受到光照条件的制约，而且晚上无法发电。所以，可再生能源机组由于出力不可靠，基本没有调节能力，在系统中既无法承担基荷运行，也无法参与调峰和辅助服务，甚至由于其不稳定性而产生系统其他机组为其进行提供辅助服务的成本。可再生能源机组生产的产品也只有电能量一种，对于该机组的上网电价，本书建议按基荷标准来制定，且原则上低于基荷电价，主要基于以下几点考虑：

第一，基于市场评价。可再生能源机组由于出力不稳定，对电网系统来说是"劣质电"，卖不上价，如果价格高于（即使等于）普通煤电机组发电价格，[①] 价高质低，电网企业没有购买的动力。基荷电量由于成本优势通常要比腰荷和峰荷电量便宜，可再生能源机组上网电价本应比基荷还低，按照基荷标准衡量已是物超所值。

第二，基于系统集成成本。可再生能源机组同基荷电源的相似之处在于，都需要系统其他机组为其提供调峰和辅助服务，即提高系统集成成本，核电为了维持负荷稳定，需要抽水蓄能为其调节，风电、光电等随自然条件负荷不稳，同样需要其他机组与其进行反向调整。因此，可再生机组也应为系统集成成本付费，或者说向为其提供调节的机组付费，按基荷标准调低电价，也是对系统集成成本的合理反映。

[①] 事实已是如此，目前我国风电价格根据资源丰裕程度分区定价，价格水平在 0.51~0.61元/千瓦时，比煤电标杆价要高出约10个百分点。

第三，基于远期收益和正外部性。可再生能源机组的电能量属于典型的"成本高、价值低"，在市场竞争中处于不利地位，理性的投资者根本不会进行投资，为了鼓励投资和维持运营，只能由政府补贴。政府补贴也属合情合理，因为可再生能源机组的高成本是由于已经将巨大的正外部性内部化，包括当前环保价值和未来解决能源永续利用的价值两个方面。风电、光伏发电不仅资源取之不尽用之不竭，能够解决未来矿物燃料终将耗尽的问题，实现资源能源的永续利用；而且不产生任何废气废渣等残留物，环保价值无与伦比；生物质发电和垃圾发电还能实现变废为宝。过高的生产成本使得可再生能源机组尚不具备大规模应用的条件，其与常规机组的成本差额实际上是人类走可持续发展道路所必须付出的学习成本，也是未来潜在社会收益的投资成本。由于可再生能源机组发展的受益方是全社会或者说全人类，因此，高额的可再生能源机组发展资金由全体电力用户共同分摊亦属合情合理。

（六）转轨时期上网电价体系模型及模拟

根据以上各类型发电机组上网电价的具体设计，可以构建以下上网电价体系，如图6-1所示。该体系以煤电标杆价为基础电价（发电侧

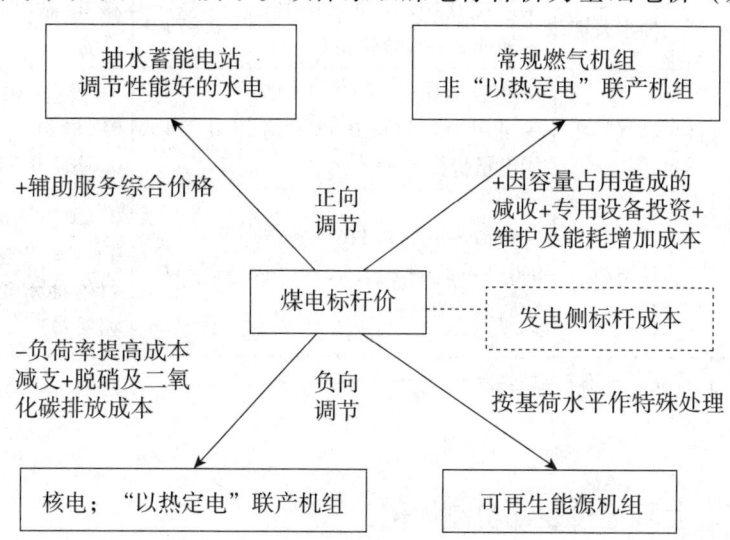

图6-1 我国电力体制转轨时期上网电价体系

标杆成本），其他类型机组根据运行方式不同和产品特性差异，分别进行系数调整。其中，抽水蓄能、调节性能好的水电和燃气机组作正向调整，前二者以辅助服务综合价格的形式体现，后者则根据调峰运行增量成本体现；核电根据负荷因子和外部性等因素作负向调整；热电联产机组根据运行方式差异分别作正负调整；可再生能源机组电价则按照基荷机组电价水平作特殊处理。

如表6-2所示，对以上各类型机组上网电价进行模拟测算，测算结果根据实地调研数据估算，意在对本书提出的上网电价体系进行直观演示，尚不能作为政策制定依据。需要说明的是，抽水蓄能机组上网电价调整后不再收取核电站支付的租赁费用，核电上网电价略高目前实际价格，一方面是因为实际价格未包含支付给抽水蓄能的租赁费用；另一方面是实际价格尚未计入外部性成本，调整后不再支付租赁费用。

表6-2　　　　　　　不同类型发电机组上网电价模拟

单位：元/千瓦时

基础电价	机组类型	调整系数	上网电价	实际价格
煤电标杆价0.487（不含脱硫脱硝）	抽水蓄能	+脱硫0.012+脱硝0.015+辅助服务综合价格0.46	0.974	核电站支付租赁费
	燃气机组	+脱硫0.012+脱硝0.015+可用容量价格0.12+调用电量价格0.08	0.714	9F机组：0.533 9E机组：0.597、0.620、0.745
	核电机组	-负荷率减支0.116+脱硫0.012+脱硝0.015+二氧化碳减排0.036	0.434	0.420、0.429、0.430（不包括支付给抽水蓄能的租赁费）

注：根据实地调研数据估算。

三、上网电价联动机制优化

价格制定与价格调整是政府价格管制的两大主要内容，由于成本受到技术进步和原材料价格波动的影响,因此需要建立合理的价格调整机制,以适应成本变化。关于各类型发电机组上网电价的调整,有两点建议较为重要。

(一)各类型机组上网电价与煤电标杆价联动

由于各类型发电机组的上网电价采取的是机会成本定价法,均以煤电标杆价为基准,燃煤机组作为发电侧标杆技术,煤机标杆价代表着发电行业长期边际成本的变化方向,所以与煤电标杆价联动属理所当然。理论上具有以下两点理由:

第一,发电燃料存在相互可替代性。如核燃料铀、石油、天然气等燃料对于发电原材料而言属替代品,如果煤价长期上涨,定会加快核电和燃气机组的建设速度,随着核电和燃气机组比重上升,铀和天然气的需求也会随之上升,进而引起铀价和气价的上涨。因此从长期看,具有替代性的燃料价格变动必然方向相同、幅度相近。

第二,即使发电燃料与煤炭无替代关系或者根本没有原材料成本的机组,如水电、风电和光电等,也有必要随着煤电标杆价的变动而作相应调整。因为煤电机组作为投资的参照物,煤机成本上升意味着水电、可再生能源机组机会成本的下降,从而说明这些机组的经济性进一步增强。因此,与煤电标杆价联动算作是其市场经济性变化的反映,或者说投资风险价值的反映。[1]

(二)关于可控成本与不可控成本的处理

第四章、第五章均已讨论过,价格联动需要对成本进行可控与不可控的划分,这样使得价格联动更加科学合理。此处需要进一步具体说明,不可控成本主要表现为原材料价格,可控成本主要表现为机组造价和管理运营成本。对于原材料价格变化,既然发电企业不可控,理应进行全额疏导,随着原材料价格的上涨和下跌分别进行相应调整,且无须

---

[1] 在市场机制中,煤电标杆价上升,意味着社会平均成本上升,水电和可再生能源机组就作为先进生产技术而获得超额利润,如果煤电标杆价下降,意味着社会平均成本的下降,水电和可再生能源机组的经济性就有所下降,超额利润消失。

经过价格听证程序。考虑到我国销售电价不宜波动过大的现实，以及兼顾对企业降低成本的激励，现阶段可以在原有"企业消化30%"政策的基础上实行消化比例累退制，即原材料价格上涨10%以内，维持企业消化30%的比例，上涨超过10%以后，消化比例逐渐递减，涨幅越大消化比例越低。

对于可控成本，则按照规定的期限（如4~5年）进行定期核准，并根据核准结果进行相应的调整。需要核准的内容包括：①准许利润率，根据资本市场上资本投资能够获得的正常利润率变化进行调整，鉴于公用事业投资风险较低，可以根据无风险投资回报水平的国债利率，综合考虑投资的机会成本等风险因素后进行调整。②机组造价，考虑到以燃煤机组作为发电侧标杆技术进行电价设计，审核内容应以燃煤机组造价为主，其他类型机组造价变化与燃煤机组不同步时，可以算作技术进步的成本或收益，如果机组造价下降超过燃煤机组，算作技术进步的收益（超额利润），反之算作成本损失。如果可再生能源机组造价下降明显，则根据亏损变化进行补贴水平调整。③劳动力成本，根据一定时期内行业劳动力平均工资水平进行调整。④外部性成本，如脱硫、脱硝技术的成本变化、环保标准变化导致的减排成本变化，以及碳排放市场上碳排放成本的变化。⑤工况变化导致的成本增减的变化，如单位能耗变化、维护和检修费用的变化等。

四、关于辅助服务成本分摊与政策预期效果

前文已经分析过，辅助服务相当于电力系统的公共物品，为整个电力系统安全稳定运行所必需，最终受益者是用户。因此在正常情况下，只要辅助服务为电力系统所必需，其成本支出最终均应由用户来买单。而基于辅助服务公共物品的特性，又无法像电能量一样向用户计量销售，只能通过对销售电价普遍加价的方式收回成本。因此，从长期看，在电力价格体系理顺的情况下，辅助服务成本应在销售电价中普遍加价收回，并不存在分摊难题。那么本书所设计的上网电价体系是否会导致

销售电价大幅上涨呢？答案是否定的。

　　关键在于如何理解"正常情况下"或"电力价格体系理顺的情况下"。虽然辅助服务的最终受益者是用户，但在电力生产和运输过程中，辅助服务的直接受益者还包括发电企业和电网。以抽水蓄能电站为例，由于抽水蓄能的存在，其他发电机组就会因减少辅助服务提供而改善了运行方式，提高了利用小时数，减少了因工况频繁变化而引起的维护费，因而综合运行成本是应该有所降低的，电网企业也因抽水蓄能电站提供的辅助服务而优化系统的电力运输，降低输电成本。因此，所谓正常情况下，即是指由于提供辅助服务机组的存在，使得电力系统得到优化，并且其他发电企业上网电价和电网企业的输配电价作了相应的调整。对于销售电价而言，就存在两种方向相反的变化，一种是提供辅助服务的成本，通过普遍加价的方式转嫁到销售电价中，使得销售电价上升；另一种是因辅助服务的提供而使电力系统得到优化，使得电力生产和运输的成本降低，即平均上网电价和平均输配电价的降低，使得销售电价下降。因此，辅助服务由消费者买单的前提是电力系统各环节价格均已作了相应调整，最终的销售电价变化是这两种力量的综合结果，通常情况下，提供辅助服务的结果最终是优化电力系统的，所以最终结果应该是有利于销售电价下降的。

　　在近期我国以单一电量制为主的上网电价体系下，辅助服务通过电量电价一种形式表现，既不利于辅助服务价值的体现，也不利于发电企业提供辅助服务的积极性。本书设计的上网电价体系有利于理顺电力价格体系，使得发电企业的利益进行合理调整。一方面，对于以提供辅助服务为主的机组实行产品两部制，有利于其收回辅助服务成本；另一方面，由于因辅助服务的提供而改善运行方式的机组，进行了负荷因子提高导致成本减支的调整。实际上也是在发电机组之间进行了利益再平衡，对电网企业的平均购电价格影响应该不大，即使有所上涨，也可与电网企业因辅助服务而导致的输电成本下降大致相抵。在达到"正常情况"后仍不平衡的部分，才可考虑通过销售电价疏导。

本书设计的上网电价体系对各类型机组的影响是可以预见的，核电价格由于较高的负荷率，在原单一电量价格的基础上又结合了外部性调整，尽管由于负荷率提高导致成本减支的部分拉低了电价，但大致可以与本来支付的租赁费大致相抵，其收益情况不会有大的变化；抽水蓄能和调节性能好的水电机组，由于准许收入扣除发电收入外由辅助服务综合价格进行弥补，可以说收入有了较大保障，这些机组的收益有了较大改观；调峰运行的燃气机组和具备一定调节能力的燃煤机组也根据辅助服务增量成本和运行工况调整导致的成本变化进行了电价调整，收益状况只会变好不会变差。可再生能源机组由于"成本高、价值低"，现阶段未体现出经济性，在基于市场价值按基荷水平定价后，与准许收入的差额由政府补贴予以弥补，对电网造成的系统集成成本也已在各类型机组上网电价中予以调整。

第七章　结论与展望

一、本书的主要结论

（一）我国电力体制转轨期上网电价由政府管制仍有必要

我国已经明确了建立竞争性电力市场的改革方向，并于2002年实施了"厂网分开"改革，将发电领域从过去垂直一体化的电力组织结构中分离出来。然而"厂网分开"至今十年有余，并未同步其他领域的市场化改革，使得我国发电侧形成了有竞争性市场结构却无竞争性市场的电力产业组织。电网公司作为电力产品的单一买主，拥有强大的市场支配地位。既然无竞争性市场，就无法通过市场竞争机制形成反映市场供需的均衡价格，也就无法自发实现资源的优化配置。因此在我国现阶段的电力产业组织形式下，上网电价只能由政府管制。而且在未来较长时期内，我国电力体制现状并不会有实质性转变，转轨期较长使得上网电价管制问题成为我国电力体制改革过程中的特有问题。

经过十余年的探索，我国政府有关机构逐步建立了一些相对适用的上网电价规则，如"经营期定价法""煤电标杆价"管理等。但是，基于过渡期发电侧市场结构和产品结构的新变化，现阶段的上网电价管制办法已不再适应，存在诸多问题需要解决，如上网电价结构单一、价格调整机制不健全、外部成本内部化不充分、管制机构间职能分割等，既不利于电力产业的健康发展，也不利于向竞争性电力市场的改革目标过渡。因此，系统科学地设计我国电力体制转轨期上网电价体系，对下一步电力市场化改革尤为重要。

（二）过渡期上网电价管制需要体现电力产品分类定价思想

西方发达国家的电力市场化改革实践表明，在竞争性电力市场中，电力产品已经被细分，包括电能量、电容量和辅助服务三大类，每一种电力产品还被进一步细分，如电能量被细分为基荷电量、腰荷电量和峰荷电量，甚至每个小时的电能量都分别竞价，辅助服务也被细分为调频、备用、黑启动等多种产品。在过去垂直一体化的产业组织中，发电企业作为电力大工厂的一个车间，属企业内部分工，并不存在上网电价的定价问题，也不存在电能量与辅助服务产品分类的问题。在厂网分开以后，发电企业成为独立市场主体，由企业内部分工转变为社会分工，其生产的电力产品就作为商品在市场中进行交易，商品交易需要独立的价格表现，上网电价问题随之出现，而且电能量和辅助服务均应作为独立产品并有独立的价值体现。目前我国上网电价以单一电量制为主，容量和辅助服务价值均通过电量价格来体现，既不利于体现辅助服务的产品价值，又不利于企业提供辅助服务的积极性。因此，为了顺应电力市场化改革需要，对电力产品细分，按产品进行分类定价成为必然。

然而政府价格管制也需要付出成本，政府管制需要在成本与收益之间取得平衡。对竞争性市场结构中的所有细分产品分别定价，相当于对菜篮子中每一种蔬菜定价，对政府来说既不现实也没必要。"不现实"是因为政府并不具备给每一种细分产品定价的能力，否则也就没有必要建立市场经济，回到过去计划经济体制即可；"没必要"是因为在能够达到预期收益的情况下，应尽可能地降低管制成本，给每一种细分产品单独定价显然成本过高收益不大。因此，本书认为在电力体制转轨期对电力产品进行粗分更具现实性，将电力产品分为电能量和辅助服务两类，电容量通过电能量和辅助服务产品价格来体现，这样既体现了按产品定价的思想，又降低了政府价格管制成本，力争以最小管制成本获得最大社会收益。

（三）燃煤标杆价是对发电侧长期边际成本的有效替代

政府价格管制要尽可能地接近市场结果，除了体现产品分类定价的思想之外，还要基于成本定价。市场竞争的结果从长期看是产品价格向行业长期边际成本趋近，但在我国现有体制下存在准确测算发电行业长期边际成本的困难，为了发现发电侧的长期边际成本，本书提出了标杆技术替代法。行业标杆技术需要具备标准化设计、技术成熟成本低、行业应用比重高、替代性强等特点，标杆技术不仅可以代表着整个行业的平均成本水平，且有利于引导行业长期边际成本的形成。

在我国，煤炭是发电行业的主要能源，煤电机组是我国发电机组的主体，且煤电机组技术成熟，标准化高，受环境影响小，可以实现各种运行工况，替代性强，完全符合发电侧标杆技术的特点。因此，煤电机组作为发电行业标杆技术具有发现发电侧长期边际成本的作用，煤电标杆价作为机会成本给行业各类型机组的投资和生产提供了参考，进而引导产品价格向长期边际成本趋近，而且煤电标杆价具有上限制的激励作用，刺激各发电企业降本增效，有利于促使长期边际成本的下降。

（四）基于标杆成本的上网电价设计能够实现过渡期定价优化

本书认为，以煤电标杆价作为标杆成本进行上网电价体系设计具有三个方面的优化：一是建立了各类型发电机组之间的联系，且电价制定不受发电机组技术路线的影响，使定价程序简化，更易操作；二是具有价格上限制的激励作用，促使各发电企业自觉提高效率，引导行业长期边际成本下降；三是作为价格信号引导电源投资的合理布局，因为只有成本低于或等于煤电标杆价的投资项目才具经济性，从而引导各类型发电机组的生产成本向行业长期边际成本靠近，也为政府在准入管制和项目审批中提供了经济性标准。

本书将按产品分类定价与以煤电标杆价为基础定价相结合进行上网电价体系设计。对于产品特性与煤电机组相似的发电机组，根据运行方式和成本差异在煤电标杆价的基础上进行增减因子调整；对于产品特性与煤电机组差异较大的发电机组，则在煤电标杆价的基础上增加辅助服务价格，以"产品型"两部制的形式设计。具体设计如下：

以提供峰荷电量和辅助服务为主的机组如抽水蓄能电站、调节能力强的水电站，上网电价采取"产品两部制"，电价结构为"电量价格＋辅助服务综合价格"，其中电量价格根据所在地区煤电机组（脱硫）标杆价为标准核定，辅助服务以集成产品定价，除去电量收入外的所有未平衡的支出部分，全部作为辅助服务的合理收入加以安排。

以调峰运行生产腰荷电量和峰荷电量为主，并提供少量辅助服务的机组，如常规燃气机组和部分具有一定调节能力的燃煤机组，上网电价结构为"电量价格+辅助服务调整因子"，其中电量价格为所在地区煤电机组（脱硫）标杆价，辅助服务调整因子根据煤电标杆价之外另增的辅助服务成本核算。

提供单一电能量产品的核电，单一电量制依然适用，上网电价形式为"电量价格+调整因子"，其中电量价格为所在地区煤电机组（脱硫）标杆价，调整因子由负荷率变化引起的成本减支和其他外部性价值构成。对于同样生产单一电能量的可再生能源机组，鉴于其价值低系统成本高的特殊性，采取了按基荷水平处理的办法。

热点联产机组，根据运行方式是否"以热定电"进行分别定价，以热定电联产机组的上网电价结构为"电量价格+调整因子"，其中电量价格为所在地区煤电机组（脱硫）标杆价，调整因子视机组燃料而定，若是燃煤热电联产机组，则无需调整，若是燃气热电联产，则调整因子为其他外部性价值，为煤机脱硝成本与碳排放成本之和。非以热定电联产机组的上网电价结构为"电量价格+辅助服务综合价格"，其中电量价格为所在地区煤电机组（脱硫）标杆价，辅助服务收入等于按年准许报酬率计算的非供热期准许收入与非供热期发电收入之差。

二、与竞争性电力市场的对接以及需要进一步研究的问题

（一）本书研究成果为向竞争性电力市场过渡创造的有利条件

电力体制改革的实质是电力市场化改革，所谓市场化，就是打破过去传统的垂直一体化垄断经营，建立发输配售相分离的竞争性市场，实现电力产品由过去政府定价向市场定价转变。从这个角度看，电价改革是电力体制改革的核心，所以电价体系设计对于我国电力体制转轨期尤为重要。转轨时期电价改革的主要任务之一就是为下一步实现竞争性电力市场创造条件，降低改革成本和风险。

转轨时期电价改革的重点包括两个方面：一个是上网电价结构尽可能与变化了的电力产品结构相适应；另一个是电力输、配价格的独立。此两个改革重点任务都取决于电力行业结构改革，正因为我国先行实施了"厂网分开"，使得发电企业的产品成为独立商品，上网电价问题成为过渡期亟待解决的实际问题。输配电价改革同样需要电力输配服务成为独立商品为前提，同样取决于电网的行业结构改革。本书关于上网电价体系设计，对于我国从现阶段到竞争性电力市场的过渡创造了以下有利条件。

第一，上网电价设计基于竞争性市场结果。既然要向竞争性电力市场过渡，现阶段的上网电价设计必然要基于竞争性市场结果，这样才会在改革过程中避免价格的大幅波动。基于竞争性市场结果主要体现在三个方面：①价格水平基于行业长期边际成本。将燃煤机组作为发电侧标杆技术，并以其为基准设计各类型机组上网电价，既有利于各发电机组成本向行业长期边际成本逼近，又可激励各类型机组降低成本获得超额利润，进而引导行业长期边际成本下降，这与竞争性市场结果是一致的。②价格结构设计体现了产品分类思想。前文已经阐述，电力产品在竞争性电力市场中被细分，竞争程度越高，细分程度越深。本书的上网电价设计正是以产品细分为前提，如抽水蓄能和水电机组上网电价设计体现了电能量与辅助服务产品的细分，核电机组与燃气机组的上网电价设计体现了基荷电量与腰、峰荷电量的细分。基于产品细分的电价设计无疑有利于推进竞争性电力市场的建设。③建立了各类型发电机组的有机联系，为公平竞争创造有利条件。基于煤电标杆和产品分类定价的上网电价体系，既体现了各类型发电机组的替代关系，又体现了不同类型机组在电力系统中的定位和价值，也即是说上网电价是成本与需求的综合反映，这与竞争性市场结果也是一致的。

第二，最大限度地降低改革成本或过渡成本。政府管制要收益与成本兼顾，在基本达到预期收益的前提下，尽量地选择管制成本最小的政策方案。本书设计的上网电价体系已尽可能地降低改革成本，主要体现在两个方面：①电力产品只做粗分，降低了管制成本。电能量只做了基荷电量与非基荷电量（腰、峰荷电量）的粗分，并未像竞争性电力市场那样进行分时定价，辅助服务也只作为集成产品与电能量分开，以辅助服务综合价格的形式表现，并未再做进一步的细分。过度的产品细分不仅收益甚微，而且徒增管制成本，没有必要。②电价体系以煤电标杆价为基础，充分利用了现阶段改革成果。煤电标杆是我国政府价格管制实践的一面旗帜，是目前较为成熟有效的政府定价方法，既有标尺竞争的激励效果，又简单易操作降低管制难度，如果重新设计新的定价方法势必会增加改革成本，也不利于对现有改革成本的巩固，故在煤电标杆价的基础上进行上网电价体系设计，有利于电力体制转轨的顺利进行，减少不必要的改革成本。

（二）本书研究成果的时效性及适用期限

本书设计的上网电价体系的适用期限取决于我国未来电力体制改革的进程，理论上说，只要竞争性电力市场尚未形成，上网电价就依然需要政府管制，进而本书设计的上网电价体系就依然适用。那么，满足什么条件才算建成了竞争性电力市场呢？根据西方发达国家的电力市场化改革经验，至少需要满足以下几个条件：

第一，产业组织结构上实现发输配三大环节相分离。输配分离后，在产业组织结构上就形成了多买方和多卖方格局，交易双方市场势力平衡的情况下，通过市场形成竞争性价格才有可能。

第二，明确交易模式。是选择单边电力库交易模式，还是双边交易模式，还需根据我国国情综合考虑。

第三，电力金融市场的建立。竞争性电力市场的现货交易由于市场竞争而使得电价波动较大，为了避免电价波动对生产、消费以及国民经济的影响，需要建立配套的电力金融市场，包括电力期货市场和电力期权市场，有利于电力交易主体规避市场风险。

第四，民众对电力商品的重新认识。我国民众对电力产品的认识依然停留在计划经济时期，认为电力产品是生活必需品，理应由政府补贴维持低价，不应大幅上涨，更不用说上下波动。竞争性电力市场则淡化了电力产品的特殊性，尤其在双边电力市场中，电力产品和普通商品完全一样，价格完全由市场供求决定。所以我国民众对电力商品的重新认识仍需要一个过程。

待未来电力市场改革满足以上条件，适合电力产品市场定价的时候，本书研究成果也就完成了应有的使命，实现了上网电价由政府定价向市场定价的顺利过渡。

（三）需要进一步研究的问题

作为我国电力体制转轨时期上网电价形成机制的研究，需要进一步深入研究的是辅助服务的分类定价。辅助服务是电力系统所必需的、由私人部门（发电企业）生产的公共物品，辅助服务市场也是竞争性电力市场的重要组成部分，无论是重要性还是复杂性，都需要做进一步深入研究，为我国建设竞争性电力市场提供指导，但本书的研究并未将辅助服务作为研究重点，辅助服务也只作为集成产品以辅助服务综合价格的形式表现，在竞争性电力市场中辅助服务产品也被细化。例如英国的辅助服务分为系统辅助服务和商业辅助服务两大类，每一类又进一步细分为各种辅助服务产品，如表7-1所示。因此，本书关于辅助服务的定价机制研究还不是很充分，仍有较大的研究空间。

表7-1　　　　　　　英国的辅助服务分类

第一类：系统辅助服务	第一部分：所有许可发电机必须提供的服务	强制无功和强制频率控制
	第二部分：一些发电机组通过协议提供的服务	快速启动、黑启动、发电机联动跳闸
第二类：商业辅助服务	系统辅助服务以外的由授权服务商通过协议提供的服务	加强无功服务；商业频率响应；备用服务，包括：快速备用、短期运行备用、平衡机制启动；联动跳闸；系统-系统服务；最大发电服务；线路约束管理服务等

资料来源：作者根据英国国家电网公司网站资料整理。

三、我国未来电力体制改革展望

(一) 我国现阶段电力体制改革缓慢的原因

我国从2002年启动电力体制改革以来,只进行了第一步"厂网分开",之后十余年尚未有实质性进展,后续改革也仿佛陷入停滞,2015年电改再次重启,但是进展也较为缓慢,没有达到预期效果,究其原因主要有以下三点:

第一,对竞争性电力市场的认识不足,就连我国电力市场的基本形式及电力市场布局这一核心问题,至今尚在争论中。《电力体制改革方案》提出要实行"竞价上网",仿佛要建立单边电力库市场,但同时又鼓励推进大用户直购电,又有建立双边市场之意。体现出改革目标还不够清晰,对于电力库模式和双边市场模式的内涵、理念、特点等,都尚在学习阶段,至于哪一种模式更适合我国国情,也仍处在争论之中。电力行业系统性和协调性极强,在当前理论认识不足情况下,下一步改革显然是无法继续推进。

第二,缺少能够承担电力体制改革重大责任、协调复杂利益集团之间关系的领导小组。电力体制改革需要整体推进,改革过程中涉及复杂的利益关系调整,通常需要政府高层领导负责并推动,西方发达国家的电力体制改革都成立专门电力体制改革机构,并由总统、首相或总理等国家领导人亲自负责。但是我国电力体制改革却缺少这样一个高级别、有权力的领导小组。虽然成立了国家电力体制改革小组,但主要成员都是兼职的,并来自不同政府部门,不仅在工作上难以全心投入,而且缺少能够协调不同部门利益的领导和机构,只能陷入互相扯皮的僵局,原国家电监会本应名正言顺地领导电力体制改革,却因没有相关实权而有心无力。因此,缺少更高级别的领导机构来承担电力体制改革的主体角色,目前的电力体制改革只能无奈地陷入僵局。

第三,现阶段我国电力工业投资发展较快,装机容量保持较高增速,政府对建设竞争性电力市场的政治意愿有所减弱。政府改革受到行政程序、执政领导人理念、各级各部门利益等因素影响,所以改革通常需要压力推动。当初之所以进行电力市场化改革,是由于我国电力装机不足缺电形势严峻、电力投资成本高涨、政府财政补贴负担过重,种种压力促使政府推行电力市场化改革的积极性较高、动机较强。在实施"厂网分开"以后,虽然没有建立竞争性电力市场,但还是取得了不错的效果,一方面发电侧形成了一定的竞争,发电效率有所提高,机组造价也大幅度下降;另一方面电力投资发展较快,装机容量保持高速增长,基本上扭转了缺电局面,此外政府财政负担也较之以前有所减轻。因此,现阶段电力体制改革的需求不如之前迫切,政府对推进竞争性电力市场改革的政治意愿有所减弱。

(二)我国未来电力体制改革需要重点解决的问题

第一,选择适合国情的电力市场模式。电力行业是国民经济的基础,关系到经济社会发展全局。就我国目前的电力体制改革实践来看,首要任务是对改革目标形成充分认识,明确我国电力体制改革的目标模式和改革路径。我国电力体制改革的目标自然是建立竞争性电力市场,但具体模式分为单边电力库和双边市场两种,哪种更适合我国国情呢?就现阶段而言,本书认为单边的强制性电力库模式更符合我国国情,一方面单边电力库模式易于在现有组织结构上建立;另一方面电力库模式易于政府的集中管制,更符合我国政府主导的行政特色,此外我国现阶段无论是组织结构,还是民众对电力产品的认识,还不具备将电力产品作为一般普通商品进行竞争和交易的条件。因此,我国电力体制改革任重道远,现阶段易以建立单边电力库模式为目标,待时机成熟后,再根据具体国情进一步向双边市场模式过渡。[①] 另外,我国地域辽阔,地区差异较大,在电力改革中也不宜"一刀切",就全国而言大部分地区适合建立竞争性电力市场,但对于一些市场容量小的独立区域(如海

[①] 关于此问题的详细探讨见本节后文"我国构建竞争性电力批发市场的路径选择"。

南），继续维持垂直一体化模式可能更优于竞争性市场结构。

第二，立法先行，整体设计。电力体制改革属国家重点领域改革，由于具有多年垄断经营历史，牵涉利益众多，依照国外改革经验，为了保障改革的顺利推行，需要立法先行，通过法律保障改革措施的贯彻落实。建议根据我国电力改革实践的需要修改《电力法》，明确我国电力体制改革的目标模式和改革时间表，在巩固现阶段电力体制改革成果的基础上，为下一轮市场化改革提供指导。基于电力行业特殊的技术特性，发输配用各环节密切联系，具有极高的协调性和整体性。因此电力体制改革对"配套"的要求极高，更适合"整体推进"。但就我国目前的电力改革来看，整体推进和配套改革都不明显，尤其电价交易模式、交易规则，管制体制建设等都相对滞后，需要针对改革目标制订一揽子具体操作方案，建立与电力体制改革相适应的配套措施。

第三，落实领导责任。电力行业作为国家基础性工业，电力体制改革会引起大范围的深度的利益调整，也考验着执政党的政治责任，国外先行改革的国家都是由国家最高领导人亲自指挥。我国情况亦是如此，事关重大的电力体制改革，绝不是一个部级政府部门可以承担和推动的，更何况负责人来自各部级政府的兼职人员。因此，为了保障电力体制改革的顺利进行，需要进一步完善改革领导组织机构建设，由能负相应政治责任，并具有相应协调能力的人直接领导，落实改革责任，明确改革目标，制订行动计划。

（三）关于我国进一步电力市场化改革思路的探讨

1. 上网电价改革与电力市场化的关系

电力市场化改革的核心是价格改革，即价格形成机制的改革，这一过程中，上网电价改革是关键一招。竞争性电力市场建设与发电价格"有序放开"本质上是同一件事情，即一个问题的正反面。由于电力不同于普通商品，不仅无法大规模储存，且供电质量及可靠性依赖于系统连续的实时平衡。稳定可靠的电力供应需要发、输、配、用各环节的紧密协同，否则就会有系统崩溃的风险。所以，电力的竞争，并非简单地放开电价,也不是现行提出的"发电企业与大用户直接交易",而是要构建一套与电力系统运行特性相融合的交易制度安排。如果缺乏这一制度,竞争性交易就无法实现,正如我国当前的上网电价,虽有竞争性市场结构,却无竞争性电力市场,最终是电价的"放而不开"。纵观所有先期电力市场化国家和地区走过的道路,无一不是先设计好电力市场的模式和构架,然后才有发电价格放开。

上网电价的市场就是电力批发市场。从电力市场化的关系来看,电力批发竞争是零售电价"有序放开"的前提条件。因为电力的源头是发电机,发电价格理顺,才能继续改革零售电价,也即是说,如果没有电力的批发竞争,竞争性售电也就无从谈起。所以,在电力批发竞争尚未实现之时,"有序放开"零售电价不合逻辑。因为电力批发竞争的模式不同,对售电商的能力和责任也有不同的要求,进而也决定着售电侧改革路径亦即零售电价"有序放开"的进程。

如果批发竞争采用"双边交易"模式,那么售电商需要在批发市场上竞争性购电,市场自由交易的基础是契约精神,违约要付出成本和代价,因此售电商需要为日负荷曲线计划执行的偏差而承担"不平衡"责任,这就要求售电商必须具备以经济手段约束终端用户负荷的能力。从而,终端用户价格必须同步放开。而如果批发竞争采用"强制性电力库"模式,由于售电商是批发市场统一出清价的被动接受者,不用为日负荷曲线计划执行的偏差而承担"不平衡"责任,从而售电侧价格放开也就不必须与发电侧市场化同步。例如阿根廷,只在发电侧建立了"强制性电力库",售电侧并未引入竞争,但其通过终端用户价格与批发市场价格的定期"联动",也间接地使售电价格反映了电力市场供求关系的变动。

由此可见,在竞争性批发市场的模式选择确定之前,不可也不必贸然启动售电侧价格改革,这也是为何电改9号文发布以后后续改革进展缓慢的原因,电力市场化改革若要获得实质性进展,必须对批发电力市场模式的选择形成统一意见。

2. 关于两种竞争性批发电力市场的比较

书中前文多次提到"单边市场"和"多边市场",由于二者对上网电价监管问题没有直接联系,并没有详细展开,在此处对两种竞争性电力市场作系统阐述,以助于对今后改革的探讨。根据国际能源署、各国能源监管当局等公共政策机构对电力市场的总结或介绍,所谓"电力市场模式",就是电力的交易方式,亦即实现电力系统供需平衡的基本方式。尽管各国在运行的电力市场之间多有不同,但从系统供需平衡的基本方式看,只有"单边交易"(强制性电力库)和"双边交易"两种模式。①

"单边交易"模式通常也称作"强制性电力库"(Mandatory Power Pool),这是一种由市场组织者代用户向发电商招标采购来实现能量平衡的交易方式。在"单边交易"模式中,系统内每台发电机组都必须向市场组织者(通常由系统运行机构代行职能)投标,并按系统运行机构统一安排的发电计划上网运行。一般的组织方式是:发电厂商前一天或更短时期内向市场组织者提交实时运行时每台机组的供给曲线(价格与机组出力的对应关系),市场组织者基于对系统负荷的预测,按报价从低到高的原则对各投标发电机组进行排序,在满足输电容量限制等技术条件前提下,统一安排各台机组的发电计划,并将满足系统需求的最后一台机组报价定为市场出清价格。市场组织者按该市场出清价格对发电厂商进行支付,并按照非盈利原则将电力转售给售电商(包括配电公司、独立的售电公司)和大型终端用户。因此,所谓"单边交易"模式,简单说就是"强制进场,单边交易",或者说是"单边交易现货市场"模式。"单边交易"主要有以下三点主要特征:一是交易是单边的,不允许场外实物交易,所有发电商都必须到现货市场(库)内向市场组织者投标售电,所有售电商、大用户也只能向市场组织者购电,市场组织者是批发市场中唯一的买主和卖主;二是需方不参与批发

---

① 刘树杰,杨娟. 电力市场原理与我国电力市场化之路 [J]. 价格理论与实践,2016(3).

市场定价，由于是由市场组织者强制代用户向发电商招标采购，"单边交易"模式出清价格是基于发电商间的竞争决定，需方对批发电价没有直接影响；三是系统能量平衡靠集中控制，平衡成本由市场成员共担，市场组织者代用户招标采购的依据是系统负荷预测，带有主观性，由此安排的发电计划肯定与客观的市场需求不相匹配，须继续统一安排发电计划以保障系统平衡，进而这种由集中控制产生的系统平衡成本就具有公共成本属性，应该由所有市场成员共同负担。

所谓"双边交易"模式，简单说就是"交易自由，责任自负"的电力交易制度。在"双边交易"模式中，能量平衡的基本方式就是双边交易，亦即在其能量供需平衡主体市场（场外双边合同及日前市场）交易中，供需双方均可自愿参加，交易数量和交易价格由供需双方共同决定。"双边交易"模式的市场架构是：场外双边合同 + 自愿参加的日前市场和日内市场 +（实时）平衡市场。"双边交易"通常分为场外双边交易和场内双边交易（日前市场和日内市场）两部分。场外（即OTC合同）双边交易也被称为"无组织的市场"，由供需双方自由选择交易对象，以中远期或其他个性化合约交易为主（即国内的"长协"交易）。场内双边交易（日前市场和日内市场）市场也被称为"有组织的市场"或"自愿库"，以现货及其他标准化合约交易为主，由电力交易所等市场组织者对各个买着和卖着的交易要求进行集中撮合。（实时）平衡市场不是能量供需匹配的主体市场，但却是所有"双边交易"模式中的标准配置。因为电力的自由交易使系统运行机构不再有统一安排发电计划的能力，若供方或需方中任一成员未履行交易合同，就会使系统主能量的实时平衡遭到破坏。为此，"双边交易"必须配有"平衡机制"，以约束交易者履行承诺，并使系统运行机构具备消除不平衡的经济能力。这个平衡机制的市场化实现形式就是（实时）平衡市场。

"双边"模式的主要特征有三点：一是交易自由，市场成员可自愿选择场外交易或场内交易（有些地区还可在多个交易场所间进行选择），按交易合同自行安排发电或用电计划；二是供需双方共同决定价格，无论是场外双边合同价格，还是场内集中撮合成交的统一出清价格，都是供需双方博弈的结果；三是系统主能量平衡靠合同约束和自负其责，作为交易自由的代价或约束条件，"双边交易"中买卖双方均须对自己的行为负责，即使是场内集中撮合的现货交易，买卖双方也均要绑定财务承诺，承担违约导致的系统不平衡责任，如表7-2所示。

表7-2　　　　　两种电力市场模式的异同

	内　容	单边交易模式（强制性电力库）	双边交易模式
不同之处	典型代表	澳大利亚（国家电力市场），加拿大阿省，新加坡	英国、北欧、美国
	市场架构	单一现货市场（日前或实时）	场外双边合同＋日前市场（＋日内调整市场）＋（实时）平衡市场
	能量供需匹配主市场	单一现货市场（日前或实时）	场外双边合同＋日前市场
	能量供需匹配主市场的交易关系	强制进场，单边交易	场外、场内自由选择，双边交易
	能量供需匹配主市场组织者的作用	代需方买、代供方卖的批发电力专营者	场内供需双边交易撮合者，不干涉场外交易
	能量供需匹配主市场价格形成机制	供方竞卖，单边决定	供方竞卖，需方竞买，双边决定
	需方（负荷方）的经济责任	无	有
	系统实时平衡方式	集中调度	主要靠合同约束（平衡机制）
	系统能量平衡成本分摊	平均分摊	责任者自担

续表

	内　容	单边交易模式（强制性电力库）	双边交易模式
不同之处	实时市场的功能	全电量交易，能量供需匹配主市场	合约执行"偏差电量"交易，"平衡机制"的实现形式
	系统运行机构与交易机构的关系	必须合	可合可分
相同之处	阻塞管理	分区或节点形成现货价格	
	辅助服务采购成本分摊	系统运行机构单边采购，平均分摊给需方（负荷）	
	金融交易	差价合约、期货、期权等，与系统供需平衡无关	

资料来源：刘树杰，杨娟. 电力市场原理与我国电力市场化之路 [J]. 价格理论与实践，2016（3）.

3. 两种竞争性电力批发市场模式在我国的适用性分析

电力市场化改革的模式与路径选择一定要基于我国的国情出发，到底是应该采用"单边模式"，还是"双边模式"，二者的适用性问题可以作出如下探讨：

第一，"单边交易"模式较易控制，但市场效率较低。由于"单边交易"模式是市场组织者代售电商向发电商招标采购，竞争的范围、强度具有可控性。由此，"单边交易"模式与"输配一体化"体制的相容度也较高，对于重视所谓"最大公约数""平稳过渡"的我国决策当局，较易接受。但"单边交易"市场出清价格的形成缺乏需求侧响应，一般认为其市场效率会低于"双边交易"模式。此外，"单边交易"模式对市场结构的竞争度要求较高，而目前我国发电侧以"五大集团"为主体，其市场布局基于2002年提出的跨省区域电力市场规划，这一区域市场布局在过去的十多年并未得到电网建设的支持。加之无跨省的区域政府，"单边交易"模式的跨省区域电力市场也缺少政府依托。如

"单边交易"模式建于省内,电网构架和政府依托方面的条件大多具备,但须改变目前普遍存在的"一家独大"局面,否则市场操纵问题很难解决。

第二,"双边交易"模式较先进,但也较难控制。如前所述,"双边交易"模式被认为更接近普通商品市场属性,市场出清有需求约束,价格不易扭曲,加之有中长期交易与现货交易的配合,可有效提高市场的流动性和资源配置效率。但这需要复杂的规则设计,而且对诚信和法治的条件要求较高。此外,国际经验证明,"双边交易"模式中的买方主要是售电商及其代理机构而非终端用户,初期的售电商又以配电企业为主,而目前我国独立配电公司极少,未来电网企业输、配关系也不明晰,"双边交易"模式或可在"网对网""点对网"交易中试行,但若普遍推行,则要有配售侧产业组织的深度改革相配合,而后者的可控性就更为困难。

4. 我国构建竞争性电力批发市场的路径选择

如前所述,没有电力批发市场的构建,新一轮电力市场化改革仍将沦为空谈。因此,必须在遵循电力市场基本原理的基础上探索中国特有约束条件下的电力市场建设之路。

第一,长期目标应是"双边交易"的跨省区域市场。如前所述,"双边交易"市场效率较高,也不易形成市场操纵,因而长期看,我国电力市场的主流模式也应是"双边交易"。我国地域辽阔、地区间资源禀赋和产业结构差异大,能源供需格局呈逆向分布,加之"三峡""西电"等大容量、远距离的跨区送电,已经形成电力资源跨省配置的格局,市场布局显然应突破省级行政区划。因此,我国电力市场建设的长期目标,应是"双边交易"的跨省区域市场(可简称"双边区域市场")。

第二,初期过渡模式应以"单边交易"模式为主。尽管"单边交易"模式与"双边交易"不能兼容,但只要"单边交易"的实践足够,随着经验的积累及其他相关改革的推进,也可顺利地改"单边交易"模式为"双边交易"模式。21世纪初英国成功地将"单边交易"改为

"双边交易"，已为此在实践上提供了有力的佐证。因此，我国的电力批发市场的建设，应先易后难，稳步推进，不仅要有阶段性目标，还应有阶段性模式。目前各地普遍推行"直接交易"，以降电价为预期目标，在发电能力严重供大于求的背景下，短期内容易操作。而若以促进电源结构优化，提高系统效率为目标，则必须配套建立现货市场和"平衡机制"，否则不可持续。但如前所述，"双边交易"模式以市场成员履行合同为依托，对诚信、法治及配售侧改革配套的条件要求较高，以我国现有的制度基础，初期的可控性不容乐观。而"单边交易"模式这种市场组织者代售电商向发电商招标采购的方式，与现行调度体制较易衔接，市场范围、竞争强度均具有可控性。如再考虑到可再生能源发电政策尚未调整、电力的政府间合同及所谓的国家指令性计划未相应取消、配售侧改革（电网组织结构、用户电价交叉补贴）无法配套等如此多的限制条件，近期选择"单边交易"模式较为稳妥。20世纪90年代末，澳大利亚专家帮助浙江设计的"全电量竞争、部分电量按市场价结算"单边现货市场模式，非常适用于当下的国情，"进可攻，退可守"，应该作为过渡阶段的主流模式之一。

　　第三，区域电力市场建设走"由点及面"的渐进之路。我国幅员广阔且各地区网架结构、电源结构及负荷结构各异，加之无跨省政权支撑，多数地区先建省级市场可能是较为现实的选择。但也不应排斥构建跨省区域市场的努力。对于省级市场和区域市场的关系，应破除"非此即彼"思维模式。从国际经验看，被广为效仿的北欧电力市场，就不是北欧诸国同时行动的结果，而是先从挪威、瑞典开始，逐个国家扩展开来的。因此，我国的区域电力市场建设，也应走"由点及面"的渐进式发展之路。如在南方电网区域内，区域市场可先从广东做起，再逐步将广西、贵州、云南纳入，再后也可考虑接纳湖南和江西。在华北电网区域内，区域市场可先从京津唐电网覆盖区做起。其他如华中、西北区域，初期也可先建省级市场和基于省级市场的区域联合市场，待条件成熟后，再将省内交易统一到区域的交易平台。

第四,"西电东送电市场化"可作为"双边交易"模式的突破口。目前,"西电东送"市场化的有利条件较多:一是改革需求强烈,"西电东送"中的经济纠纷及由此导致的资源错配问题由来已久,并随经济下行趋势而愈演愈烈,东、西两端都有"长治久安"的强烈诉求;二是体制基础好,国家发展改革委关于"西电东送"的政策口径早就确定为"自主协商",加之广东的电网公司已一分为三,因而在交易主体条件方面,初步具备了"双边交易"模式的基础要件;三是技术约束小,"西电东送"多为直流专线输送,且一直有负荷曲线考核,"平衡机制"较易执行。因此,只要改变由东、西两端地方政府"越俎代庖"的交易体制,"西电东送"就可以"双边交易"模式实现市场化运行,并将对整个南网区域的电力市场构建产生巨大的"辐射效应"。

参考文献

[1] Kahn A E. The Economics of Regulation: Principles and Institutions [M]. Vol. 1, New York: John Wiley & Sons, 1971: 151.

[2] Boyes W J. An Empirical Examination of the Averch – Johnson Effect [J]. Economic Inquiry, XIV, March, 1976: 25 – 35.

[3] Davidson R K. Price Discrimination in Selling Gas and Electrcity [M]. Baltimore: Johns Hopkins Press, 1955.

[4] Ramsey F. A Contribution to the Theory of Taxation [J]. Economic Journal, March, 1927, 37: 47 – 61.

[5] Gellhorn E, R J Pierce Jr. Regulated Industries [M]. St. Paul: West Publishing Co, 1982.

[6] Giodano J. Regulation – Induced Capital Bias in the U. S. Electric Utility Industry, 1964—1977 [D]. Indiana University, Bloomington, 1982.

[7] Greenward B C. Rate Base Selection and the Structure of Regulation [J]. Rand Journal of Economics, Spring, 1984, 15: 85 – 95.

[8] Averch H, Johnson L L. Behavior of the Firm Under Regulatory Constraint [J]. American Economic Review, December, 1962, 52: 1052 – 1069.

[9] Hirschleifer J. Peak Loads and Efficient Pricing: Comment [J]. Quarterly Journal of Economics, August, 1958, 72: 451 – 462.

[10] Houthakker H S. Electricity Tariffs in Theory and Practice [J]. Economic Journal, March, 1951, 61: 1 – 25.

[11] Kahn A E. The economics of Regulation: Principles and Institu-

tions [M]. New York: Wiley, 1971.

[12] Kwerel E. To Tell the Truth: Imperfect Information and Optimal Pollution Control [J]. Review of Economic Studies, October, 1977, 44: 595 – 601.

[13] Myers S C. The Application of Finance to Public Utility Rate Cases [J]. Bell Journal of Economics, Spring, 1972, 3: 58 – 97.

[14] Nickell S J. The Industrial Decisions of Firms [M]. Cambridge: Cambridge University Press, 1978.

[15] Oi W Y. A Disneyland Dilemma: Two Part Tariffs for a Mickey Mouse Monopoly [J]. Quarterly Journal of Economics, February, 1971, 85: 3 – 28.

[16] Joskow P L, Schmalensee R. Incentive Regulation for Electric Utilities [J]. Yale Journal on Regulation, 1986: 1 – 49.

[17] Panzar J C. A Neoclassical Approach to Peak Load Pricing [J]. Bell Journal of Economics, Autumn, 1976, 7: 521 – 530.

[18] Peterson H C. An Empirical Test of Regulatory Effects [J]. Bell Journal of Economics and Management Science, Spring, 1975: 111 – 126.

[19] Pettway R H. On the Use of Beta in Regulatory Proceedings: An Empirical Examination [J]. Bell Journal of Economics, Spring, 1978, 9: 239 – 248.

[20] Myers R, Strain L L. Electric and Gas Utility Performance Based Ratemaking Mechanisms [M]. Energy Division, California Public Commission, September 2000.

[21] Schmalensee R. Monopolistic Two – Part Pricing Arrangments [J]. Bell Journal of Economics, Autumn, 1981b, 12: 445 – 466.

[22] Smithon C W. The Degree of Regulation and the Monopoly Firm: Further Empirical Evidence [J]. Southern Economic Journal, January,

1978, 44: 568 – 580.

[23] Spann R M. Rate of Return Regulation and Efficiency in Production: An Empirical Test of the Averch – Johnson Thesis [J]. Bell Journal of Economics, Spring, 1974, 5: 38 – 52.

[24] Spulber D F, R A Becker. Regulatory Lag and Deregulation with Imperfectly Adjustable Capital [J]. Journal of Economic Dynamics and Control, September, 1983, 6: 137 – 151.

[25] Steiner P O. Peak Loads and Efficient Pricing [J]. Quarterly Journal of Economics, November, 1957, 71: 585 – 610.

[26] Weiss L W. Antitrust in the electric power industry [M]. Almarin P. Promoting competition in regulated markets. Washington D. C: Brookings Institution, 1975.

[27] Williamson O E. Peak – Load Pricing and Optimal Capacity under Indivisibility Constrains [J]. American Economic Review, September, 1966, 56: 810 – 827.

[28] 毕井泉. 改革电价形成机制的思路 [J]. 价格理论与实践, 2001 (2): 18 – 20.

[29] 戴平生. 我国电力市场价格形成机制研究 [D]. 厦门大学博士论文, 2004.

[30] 丹尼尔·F. 史普博. 管制与市场 [M]. 上海: 上海三联书店, 1999.

[31] （美）丹尼斯·W. 卡尔顿, 杰弗里·M. 佩罗夫. 现代产业组织 [M]. 北京: 中国人民大学出版社, 2009.

[32] 杜立民. 电力竞争与我国电力产业市场化改革 [M]. 杭州: 浙江大学出版社, 2010.

[33] 杜松怀. 电力市场 [M]. 北京: 中国电力出版社, 2004: 45 – 51.

[34] 段刚, 干心丰, 白玮, 等. 抑制电价飞升的系统边际价格与

报价价格混合拍卖机制 [J]. 电力系统自动化, 2002, 26 (9): 30-35.

[35] 曹学敏. 厂网分开与上网电价结构 [J]. 中国电力企业管理, 2001 (7).

[36] 陈广娟, 谭忠富, 郭联哲, 等. 发电企业上网电价定价模型及其对利润的影响分析 [J]. 2007 (4): 84-91.

[37] 陈其安, 杨秀苔. 基于博弈论的发电厂商竞价策略研究 [J]. 系统工程学报, 2004, 19 (2): 121-127, 187.

[38] 崔民选. 中国能源发展报告 (2011) [M]. 北京: 社会科学文献出版社, 2011.

[39] 董军, 王文龙. 峰谷电价的研究 [J]. 华北电力技术, 1995 (6): 1-7.

[40] 范斌. 电价规制方法与应用研究 [D]. 华北电力大学博士论文, 2010.

[41] 范斌. 天然气发电定价原则与方法初探 [J]. 中国物价, 2005 (7): 39-43.

[42] 复光. 国家计委价格研究所所长刘树杰谈电价改革思路 [J]. 广西电业, 2003 (3): 6-10.

[43] 高洁, 盛昭瀚. 演化博弈及其在电力市场中的应用 [J]. 电力系统自动化, 2003 (18): 18-21.

[44] 高全娥. 整体煤气化联合循环. IGCC发电技术探讨 [J]. 能源与节能, 2012 (12).

[45] 耿建, 王锡凡, 陈皓勇, 等. 发电市场的迭代竞价机制 [J]. 电力系统自动化, 2002 (9): 1-6.

[46] 顾伟忠, 刘兰. 我国水电上网电价的定价研究 [J]. 北京机械工业学院学报, 2004 (4): 60-66.

[47] 国家发展改革委经济研究所, 湖北省物价局, 湖北清江水电开发公司联合课题组. 以辅助服务乃主的水电价格政策研究 [J]. 中国物价, 2008 (2): 16.

[48] 国网能源研究院. 中国电力供需分析报告（2012）. 北京: 中国电力出版社, 2012.

[49] 韩冰, 张粒子. 基于激励理论的发电企业上网电价定价方法研究 [J]. 华北电力大学学报, 2008 (3): 28-32.

[50] 韩金山, 刘严, 谭忠富. 中国电力投资市场羊群效应的博弈模型 [J]. 电网技术, 2006, 30 (8): 46-49.

[51] 胡恩同. 上网电价形成机制与中国上网电价改革 [D]. 复旦大学博士论文, 2006.

[52] 黄春雷, 梅亚东. 电厂上网电价制定的理论与方法 [J]. 武汉水利电力大学学报, 2000 (1): 104-107.

[53] 井志忠. 电力市场化改革：国际比较与中国的推进 [D]. 吉林大学博士论文, 2005.

[54] 课题组（刘树杰主笔）. 电价形成机制与电价改革 [J]. 中国物价, 1994 (10): 3-16.

[55] 赖菲, 管晓宏, 翟桥柱, 等. 小型电力供应商的竞标策略研究 [J]. 电力系统自动化, 2000, 24 (16): 6-8.

[56] 李邦云, 袁贵川, 丁晓群. 基于相似搜索和加权回归技术的短期电价预测 [J]. 电力自动化设备, 2004, 24 (1): 42-45.

[57] 李灿, 龚乐年, 宋燕敏, 等. Power Pool 中发电厂商的竞价策略 [J]. 电力系统自动化, 2001, 25 (6): 12-15.

[58] 李强, 袁越, 李振杰, 等. 考虑峰谷电价的风电-抽水蓄能联合系统能量转化效益研究 [J]. 电网技术, 2009, 33 (6): 13-18.

[59] 刘兰菊. 计入峰谷分时上网电价的天然气发电竞争力分析 [J]. 水电能源科学, 2012 (12): 202-205.

[60] 李眺, 张各兴. 竞争损害了发电侧的规模经济吗？——基于中国火力发电厂的实证检验 [J]. 财贸研究, 2012 (4): 58-66.

[61] 刘树杰. 关于我国上网电价形成机制改革的建议 [J]. 中国物价, 1995 (4): 15-17.

[62] 刘树杰. 竞争与规范——电价改革的基本思路 [J]. 中国物价, 1998 (7): 3-9.

[63] 刘树杰. 垄断产业价格改革 [M]. 北京: 中国计划出版社, 1999.

[64] 刘树杰. 电价体制的形成规律 [J]. 中国物价, 1999 (3): 9-15.

[65] 刘树杰. 可再生能源发展资金分摊机制研究 [J]. 宏观经济研究, 2009 (6): 3.

[66] 刘树杰. 电力体制改革: 过渡初期的几点建议 [J]. 中国电力企业管理, 2000 (12): 5.

[67] 刘树杰. 过渡期的水电价格形成机制改革 [J]. 价格理论与实践, 2011 (2): 9-11.

[68] 刘树杰. 进一步推进电力市场化改革若干问题研究 [J]. 价格理论与实践, 2011 (10): 4.

[69] 刘树杰. 促进竞争, 完善监管——深化价格形成机制改革的基本思路 [N]. 人民日报: 第001版, 2015-10-19.

[70] 刘树杰, 陈扬. 发电价格监管应引入可控成本与不可控成本的概念——兼论化解"煤、电价格联动"争议的对策 [J]. 宏观经济研究, 2008 (2): 10.

[71] 刘树杰, 彭苏颖. 促进节能与可再生能源发展的电价政策 [J]. 宏观经济管理, 2007 (3): 35.

[72] 刘树杰, 杨娟. 抽水蓄能电力产品的分类、社会属性与成本分摊 [J]. 电力技术经济, 2009, 21 (4): 1-3, 15.

[73] 刘树杰, 杨娟. 我国抽水蓄能电价监管方法设计——建立竞争性电力市场前的构想 [J]. 价格理论与实践, 2009 (5): 15.

[74] 刘树杰, 杨娟, 陈扬, 等. 核电价格形成机制研究 (上) [J]. 中国物价, 2006 (10): 18-22.

[75] 刘树杰, 杨娟, 陈扬, 等. 核电价格形成机制研究 (下) [J]. 中国物价, 2006 (11): 20-22, 35.

[76] 刘树杰, 杨娟. 电力市场原理与我国电力市场化之路 [J]. 价格理论与实践, 2016 (3).

[77] 刘树杰, 杨娟. 深化电力体制改革必须改变五个现状 [N]. 中国能源报: 第001版, 2016-11-21.

[78] 刘树杰, 王锐. 深化价格形成机制改革研究 [J]. 中国物价, 2015 (2).

[79] 刘贞, 任玉珑. 发电侧电力市场中多主体动态博弈仿真研究 [J]. 系统工程学报, 2008, 23 (5): 563-569.

[80] 刘贞, 张希良, 何建坤. 单边开放发电侧市场力形成过程 [J]. 清华大学学报（自然科学版）, 2010, 50 (6): 947-951.

[81] 罗斌, 柴高峰, 桂衡. 中国上网电价改革研究 [J]. 数量经济技术经济研究, 2004 (2): 28-34.

[82] （美）罗思韦尔·G. (Rothwell, Geoffrey) 电力经济学——管制与放松管制 [M]. 北京: 中国电力出版社, 2007.

[83] （美）萨莉·亨特. 电力市场竞争 [M]. 杨海波, 易立云, 乔涛, 译. 北京: 中信出版社, 2004.

[84] 彭文兵. 电力发展与投融资——基于可再生能源投资的视角 [M]. 上海: 上海财经大学出版社, 2009.

[85] 马光文, 王黎. 确定两部制上网电价的长期边际成本方法 [J]. 电网技术, 2002, 26 (9): 51-54.

[86] 马光文, 王黎. 水电上网电价的形成模式研究 [J]. 湖北水力发电, 2001 (2): 61-64.

[87] 马光文, 王黎. 确定两部制上网电价的长期边际成本方法 [J]. 电网技术, 2002 (9): 51-54.

[88] 马歆. 对中国电力投资中存在问题的思考 [J]. 特区经济, 2006 (7): 35-36.

[89] 任玉珑, 魏世红. 发电侧有限竞争阶段上网电价规制设计 [J]. 生态经济, 2005 (6): 56-59.

[90] 沈瑜, 夏清, 康重庆. 中国电力市场模式的探讨 [J]. 电力系统自动化, 2000, 24 (4): 6-9.

[91] (美) 施蒂格勒. 产业组织与政府管制 [M] 潘振民, 译. 上海: 上海人民出版社, 1996.

[92] 时璟丽. 可再生能源电力价格形成机制研究 [M]. 北京: 化学工业出版社, 2008.

[93] 石肖然, 王成, 李肯立. 基于演化博弈的发电侧电力市场长期均衡模型 [J]. 数学的实践与认识, 2004, 34 (9): 1-6.

[94] 宋艳霞. 影响风电价格机制形成的十大因素 [J]. 中外企业家, 2010 (2): 189-191.

[95] 谭忠富, 等. 我国电力产业价格链设计理论及方法 [M]. 北京: 经济管理出版社, 2008.

[96] 谭忠富, 胡威, 练笔占. 论我国上网电价的计算模式及改革思路 [J]. 现代电力, 2000, 17 (2): 95-102.

[97] 谭忠富, 柏慧, 李莉, 等. 电力用户从发电商购电定价的双边贝叶斯动态博弈学习模型 [J]. 华东电力, 2009, 37 (3): 384-388.

[98] 唐义德. 电力市场竞争、规制与结构转换 [D]. 湖南大学博士论文, 2008 (10).

[99] (美) W·基普·维斯库斯, 等. 反垄断与管制经济学 [M]. 北京: 中国人民大学出版社, 2010.

[100] 万永华, 穆哈西, 胡铁松. 水电厂分季峰谷上网电价的研究 [J]. 水力发电学报, 1997 (1): 10-17.

[101] 王冬, 李宗晓. 世界电力市场化改革启示 (三): 把电力规律和市场原则结合起来 [J]. 中国电力报, 2001 (7).

[102] 王海政, 谭浩瑜, 仝允桓. 基于电源优化选择的抽水蓄能电价设计与计算. 水利经济, 2006 (6): 15-18.

[103] 王含春, 李孟刚. 我国电力产业价格规制改革研究 [M]. 北京: 经济科学出版社, 2012.

[104] 王俊豪. 论自然垄断产业的有效竞争 [J]. 经济研究, 1998 (8): 42-46.

[105] 王锡凡. 我国电力市场竞价模型框架探讨 [J]. 中国电力, 2000, 33 (21): 37-40.

[106] 王正明. 中国风电产业的演化与发展 [M]. 镇江: 江苏大学出版社, 2010.

[107] 王正明, 路正南. 我国风电上网价格形成机制研究 [J]. 价格理论与实践, 2008 (9): 54-55.

[108] 王正波, 刘伟. 合作促销的微分博弈模型及均衡比较分析 [J]. 商业经济与管理, 2004 (12) 36-39.

[109] 魏学好. 上网电价监管新模式与外部成本内置新机制 [D]. 上海交通大学博士论文, 2011.

[110] 吴军, 涂光瑜, 罗毅, 等. 电力市场交易方式分析 [J]. 电力系统自动化, 2002, 26 (12): 24-29.

[111] 熊祥鸿, 周浩. 电力市场中发电成本对上网电价的影响 [J]. 江南大学学报: 自然科学版, 2008, 7 (3): 322-326.

[112] 言茂松, 李晓刚. 发电竞价上网的简易当量电价法 [J]. 电力系统自动化, 1999, 23 (2): 11-16.

[113] 严泽民. 中国电力价格规制改革研究 [D]. 辽宁大学博士论文, 2011.

[114] 杨洪明, 赖明勇. 考虑输电网约束的电力市场有限理性古诺博弈的动态演化研究 [J]. 中国电机工程学报, 2005 (23): 71-79.

[115] 杨凤. 经济转轨与中国电力监管体制建构 [M]. 北京: 中国社会科学出版社, 2009.

[116] 叶泽, 张新华. 推进电力市场改革的体制与政策研究 [M]. 北京: 经济科学出版社, 2013.

[117] 于尔铿, 周京阳, 张学松. 电力市场竞价模型与原理 [J]. 电力系统自动化, 2001, 25 (1): 24-27.

[118] 余永林. 完善电价机制, 引导电力投资 [J]. 中国物价, 1996 (10): 25-27, 32.

[119] 曾鸣. 电力市场理论及应用 [M]. 北京: 中国电力出版社, 2000.

[120] 张海鱼. 中国经济增长与电力投资 [M]. 北京: 中国经济出版社, 2005.

[121] 张粒子, 唐琪, 陶文斌, 等. 核电上网电价机制研究 [J]. 电网技术, 2012, 36 (11): 65-70.

[122] 张新华, 叶泽. 不确定需求下的电力竞价策略贝叶斯博弈模型 [J]. 系统工程学报, 2007 (19): 215-219.

[123] 张新华, 叶泽. 不完全信息下发电商竞价策略贝叶斯博弈分析 [J]. 管理工程学报, 2007 (21): 147-149.

[124] 张宇波, 罗先觉, 薛钧义. 非线性市场需求下机组优化出力的自适应动态古诺模型 [J]. 中国电机工程学报, 2003 (11): 80-84.

[125] 张喜铭, 姚建刚, 李立颖, 等. 基于效用分析方法的发电企业最优报价策略 [J]. 电力系统自动化, 2005 (7): 12-16.

[126] 张强. 基于长期边际成本法的水电上网电价的定价研究 [J]. 青海大学学报 (自然科学版), 2007 (10): 22-27.

[127] 张强, 隋来东. 两部制水电上网电价的计算方法 [J]. 电力系统及其自动化学报, 2012 (4): 116-119.

[128] 赵会茹, 曹景山. 上网电价确定方法的研究 [J]. 现代电力, 1999, 16 (2): 71-77.

[129] 中国价格协会能源供水价格专业委员会课题组. 对我国风电行业发展及其上网电价的研究 [J]. 价格理论与实践, 2010 (4): 32-35.

[130] 郑家亨. 电力投资体制改革与管理体制改革 [J]. 中国统计, 2001 (11): 17-18.

[131] (日) 植草益. 微观规制经济学 [M]. 朱绍文, 等译. 北

京：中国发展出版社，1992.

[132] 周启鹏. 中国电力产业政府规制研究 [M]. 北京：经济科学出版社，2012.

[133] 周莹，张娜，董振，等. 风电上网电价机制研究 [J]. 华北电力大学学报，2012 (9)：97-104.

[134] 朱明龙. 我国电价变动效应与电价形成机制研究 [D]. 东北财经大学博士论文，2010.

[135] 邹斌. 电力市场定价机制及其博弈均衡市场特性研究 [M]. 上海：上海大学出版社，2009.

[136] 邹建平. 辅助服务的市场化定价与交易模式研究 [D]. 华北电力大学硕士论文，2012.

[137] 冯永晟. 电力产业的纵向经济与电力体制改革 [J]. 财贸经济，2010 (6).

[138] 冯永晟. 纵向结构的配置效率与中国电力体制改革 [J]. 财贸经济，2014 (7).

[139] 冯永晟. 电改：变型的计划不是市场 [N]. 中国能源报，2016-5-20.

[140] 冯永晟. 理解中国电力体制改革：市场化与制度背景 [J]. 财经智库，2016 (5).

[141] 周亚敏，冯永晟. 中国的电价改革与二氧化碳排放——来自市级层面的实证研究与政策启示 [J]. 城市与环境研究，2017 (1).

[142] 白玫. 新电改方案的逻辑起点与政策影响 [J]. 价格理论与实践，2015 (6).

[143] 林卫斌，李妙华，陈昌明. 新——轮电力体制改革的逻辑与进展. 价格理论与实践，2016 (11).

[144] 唐要家. 电价管制刚性的政治经济学逻辑 [J]. 中国地质大学学报：社会科学版，2014 (7).

[145] 何勇健. 论深化我国电力体制改革的有效切入点 [J]. 价

格理论与实践，2015（6）．

［146］张世翔，苗安康．中国电价市场化改革现状及模式探索［J］．价格月刊，2017（3）．

［147］李楠，马占新．中国电力市场化改革评述［J］．内蒙古财经大学学报，2013（6）．

［148］2016年可再生能源装机容量排名前6国家统计［N］．中图环球能源报，2017-9-6．

［149］李成仁，高效．煤电联动的国际经验及启示［J］．成人高教学刊，2010（5）．

［150］刘斌，吴强，侯斌．供电企业应对新一轮电力体制改革的探讨［J］．企业改革与管理，2017（1）．

［151］张旭楠，罗婷，高建伟．煤电联动与竞价上网问题研究［J］．现代商贸工业，2010（19）．

［152］师华．"上网电价计划"的环境与贸易冲突及我国的对策［J］．山西大学学报：哲学社会科学版，2014（5）．

［153］白让让．电煤价格、产业政策与火力发电产业的技术结构升级［J］．财经研究，2014（12）．

［154］林伯强．电力消费与中国经济增长：基于生产函数的研究［J］．管理世界，2003（11）．

［155］刘耀东．中国电力工业结构、产能、产出、集中度、规模、生产率分析［J］．中国能源，2004（9）．

［156］吕伟业．中国电力工业发展及产业结构调整［J］．中国电力，2002（1）．

［157］赵进文，范继涛．经济增长与能源消费内在依从关系的实证研究［J］．经济研究，2007（8）．

［158］刘满平．新电改方案的核心、着力点及影响［J］．宏观经济管理，2015（6）．

［159］林卫斌，苏剑．我国电力产业的重组模式及其局限［J］．

改革, 2009 (5).

[160] 马莉, 范孟华, 郭磊, 等. 国外电力市场最新发展动向及其启示 [J]. 电力系统自动化, 2014 (13).

[161] 张弛. 国际电力体制改革经验及对中国的启发 [J]. 电力技术经济, 2007 (1).

后 记

本书是基于本人博士论文《我国电力体制转轨时期上网电价形成机制研究》修改完成的。此作始于 2012 年，成文于 2014 年，成书于 2018 年。成文至成书时隔 4 年之久，主要是基于以下几点考虑：

其一，本人研究电力体制改革时日不久，由于读博期间学业时间所限，在博士论文成文之时，依然觉得对电价改革问题研究得不够深入。电力体制改革专业性极强，电力经济学博大精深，既要熟悉电力工业工程技术，又要深通经济学理论，研究之难可想而知。博士毕业后，仍然需要投入大量精力去继续研究探索。自感成熟之前，尚不敢贸然出书。

其二，关于电力体制改革的研究时效性较强。本书把 2002 年电力市场化改革起步以来的时期称作"电力体制转轨时期"，这不仅界定了本作研究的时间跨度，同时也限定了本作的价值时效性，这一转轨时期何时结束取决于政府对下一步电力体制改革的决心与决策。恰好在博士论文完成后的第二年即 2015 年，国务院发布"电改 9 号文"，对进一步深化电力体制改革进行了顶层设计与决策部署，此举为 2002 年"电改 5 号文"发布以来的最大改革动作，打破了十余年来电力体制改革停滞不前的窘境，试图加快输配领域和售电侧的改革，构建竞争性的电价形成机制。改革之策一出便引发热议，仿佛竞争性的电力市场近在咫尺。不禁令人思考，电力体制转轨时期是否可以结束了？为了学术之严谨，本人认为有必要暂搁修改出书事宜，以观改革实践之成效。

其三，经过对电力体制改革的跟踪研究发现，"电改9号文"发布已满三年，电力市场化改革并无实质性进展，市场化的电价竞价机制未能建立，国内理论界对电力改革问题仍然缺乏深入研究，虽然有许多地方已在进行输配电价改革试点，但是没有提及电力调度的改革，对于采用何种竞争性电力市场模式也没有形成统一意见，关键性体制改革内容未得到有效体现。因此，竞争性电力市场的建立任重而道远，可以预见在未来较长时期内，我国电力体制转轨时期仍将持续，上网电价由政府监管仍有必要，本作依然具有重要的理论和实践指导意义。

其四，尽管本作是研究电力转轨时期的上网电价形成机制，但是从管制经济学、产业经济学视角对电力产业的诸多基本问题进行了研究和阐述，包括价格理论、政府管制理论、产业组织理论等，这些亦是电力体制改革的基本理论基本问题，并没有转轨时期的阶段限制，在市场化的电力体制下依然适用。因此，本书尚且可以当作初入电力经济学研究者的入门读物。

综上所述，本书的出版为在转轨时期的电力体制改革提供微薄之力。

电力产业是现代社会运行的基础，与我们每个人的日常生活密不可分。作为亿万电力用户之一，能够踏入学门研究电力体制改革，实则一件幸事，吾与电力之缘分所致矣。

记得初与电力结缘时，对电力行业的认知几近空白，装机容量、峰谷差、辅助服务、实时平衡云云，对我来说均为天书一般，无从下手。所幸，我有贵人相助，一位经济学专家、待我如父的恩师刘树杰，恩师为时任国家发改委经济研究所所长，长期致力于价格监管理论和电力体制改革问题研究，并直接参与了2003年《电价改革方案》的制订，可谓全国电力改革之专家。正是这位恩师，帮我开启电力之门，带领我在电力领域求知探索。他不仅是我的学术导师，更是我的人生导师。读博以来，导师帮我重新梳理经济学理论，传授学问研究之道，讲解电力专业知识，携我走南闯北调研电厂。诸多调研之行，不仅让我对电站的生产运营进行了解，为写此书打下基础，更使我在祖国的大江南北留下了足迹，开阔了视野，受益良多。

修改本书的过程中，时常回忆起当年撰写博士论文的场景。读博之路一把辛酸泪，为此倾注之情感可想而知，从选题到写作再到初稿成形，历时大半年，此间纠结过、困惑过、沮丧过，失眠之夜无数，只因担心我初次涉足电力行业，无力完成一篇高质量的上网电价研究论文。在导师的鼓励和指导下，论文得以终见天日，不敢言为集三年所学之大成，尚可称为我对电力产业研究入门之作。电力经济学博大精深，若要继续深入研究，还有很长的路要走。

京城历来少雨。在京求学六年之久，雨落京城之印象却寥寥无几。为博士论文写作后记之时，恰逢窗外细雨渐沥，下了一夜又一天。我喜欢雨天，尤其在繁华京城。雨天容易让人放慢节奏、冷静思考，聆听雨打窗棂，细闻泥土芬芳，再品上一杯清茶，最易激发灵感、文思泉涌。

说来也巧，此书修成撰写后记之日，杭州城也下起了雨。我是个颇具江南情结之人，一把油纸伞、一阵绵绵细雨、一曲幽婉琴曲、一杯清香淡茶，都足以令我沉醉，总觉此生注定要与江南为伴。故，杭州成为我的归宿，冥冥之中似有定数。

定居杭州城，入职浙江省委党校，是我人生的转折点。我研究政府监管理论出身，根据工作需要从电价监管转移到环境监管，研究生态文明体制改革。虽然研究方向有所变化，但学术研究"术"在手、"道"相通，撰写博士论文期间所受学术之训练，依然受用。工作之余，我也时刻关注中国电力体制改革之事，毕竟专著尚未出版，研究不可止步。浙江是改革发展的先行地区，电力体制改革也走在前列。电改"9号文"发布后第二年，浙江就获批售电侧改革试点方案，鼓励以混合所有制方式发展配电业务，在电力体制改革的探索中迈出重要一步。融入浙江，感受浙江发展，总结浙江经验，对我国电力体制改革也是益事。

这些年研究电力改革，是个奇妙且难忘的经历。有时候人生又何其妙哉！儿时踏入校园的那一天，何曾料到二十多年里我会一口气读到博士！又何曾料到有朝一日，我会在中国人民大学，潜心研究我国电力体制改革！又何曾料到，我会在优美如画的江南杭州修改博士论文，将其作为学术生涯的第一本专著出版成书！修成此书，既是对前期电力体制改革研究做个了结，也是对我的学术之路留个纪念。

修改此书历时半年，从2017年年底—2018年上半年，期间经历热闹年关、国家社科项目申报，又恰逢学校委派我赴杭州滨江区政府挂职锻炼，真正能够专心修改的时间并不多，基本都是见缝插针、起早贪黑。作为第一本专著，竭尽所能、追求完美是自然的，坚信所有的付出也是值得的。

此书著成，是众人合作之结晶。在此要感谢所有为之付出的人，若无老师、亲人、同事和朋友的相助，此作恐永无面世之日。

第一，要感谢帮助我撰写博士论文的师友。惜别京城、南下赴杭，这些师友有许久未见，这些文字已是迟到的感谢。感谢国家发改委经济研究所刘树杰导师的悉心指导，论文的诸多思想均来自于他，他对学术研究的严谨态度让我非常敬佩，也为我的学术道路立下榜样，他永远是我学习的榜样。同时感谢国家发改委经济研究所的杨娟主任，给我补充了诸多电力行业的基本知识，调研过程中与她交谈受到诸多启发。感谢我中国人民大学的同学们，与他们探讨学术问题为我的研究提供了更多视角和思路，他们是易信、姚一旻、张方波、何洁、郑国楠、吴俊、郑欣迎、刘雪梅、郭静静等。感谢我的师弟王锐和师妹宋桂秋，他们总为我的论文写作排忧解难，宋桂秋还为我论文的矫正和修改付出了辛劳。

第二，要感谢在修改论文出版专著过程中给予我帮助的同事和朋友。感谢浙江省委党校经济学教研部，为此书的出版提供了重要的资助和支持；感谢主任王祖强、副主任王立军和包海波，他们为此书出版提供了宝贵的指导意见；感谢许光、俞云峰、俞顺洪、谢芳、孙雪芬、胡赛等同事，修改著作过程中难题不断，他们总是能够为我出谋划策。感谢企业管理出版社和资深编辑刘一玲老师，为此书的修改、校对、编辑、排版等一系列工作付出诸多辛劳，完美解决了著作面世的"最后一公里"。

第三，要特别感谢我的家人。家和万事兴，若没有他们做后盾，我将无法安心撰写博士论文，也无法顺利修改此书。博士论文写成之时，已近而立之年，成家立业当属该阶段之主旋律。在当今时代，"先成家再立业"已然成为非主流。我却在读博期间将非主流的节奏进行到底，博一结婚、博二生子、博三写论文找工作，可谓家庭学业两不误。享受非主流的风光，就要承担非主流的代价。我的父母和夫人任希卓百般嘱咐我，不要为家庭琐事所牵，让我全心以学业和工作为重，放心去奋斗。他们尽己所能，为我承担了非主流的大部分代价。所以，此书面世亦有他们之心血和汗水。

最后，此作献给我的儿子刘昌烁。此作伴随着他的成长，博士论文开题时,他尚未出生;博士论文写成时,他是 6 个月大的宝贝;此书修成出版时,他已是幼儿园里一个 5 周岁的小大人。感谢他给我带来诸多欢乐,希望他健康成长。也许多年以后的他,拿起此书,阅至此处,能够会心一笑。

本书涉及专业性强,本人水平有限,难免有不足之处,恳请专家学者给予批评指正。

刘 磊

2014 年 5 月 11 日夜于北京中国人民大学品园
2018 年 3 月 18 日夜于杭州富力西溪悦居溪区